切·格瓦拉(1928—1967),古巴革命领导人

切·格瓦拉小传

　　切·格瓦拉(1928—1967)，古巴革命领导人之一，出生于阿根廷的罗萨里奥，是极富传奇色彩的拉丁美洲马克思主义革命家。还是医学系学生时格瓦拉游历了整个拉丁美洲，并因亲眼目睹了贫穷的无所不在而深感震撼。他认为唯一的补救方法便是进行世界革命。1956年参加了菲德尔·卡斯特罗领导的古巴革命，推翻了亲美的巴蒂斯塔独裁政权。革命胜利后成为古巴公民，并在革命政府中担任过国家银行行长、工业部长等。1965年辞去古巴所任职务，放弃古巴国籍，离开古巴，到刚果(金)、玻利维亚等建立"游击中心"，进行武装斗争。1967年10月8日，因内奸泄密，格瓦拉及游击队小分队在丛林中遭玻利维亚政府军伏击，格瓦拉受伤被捕。次日，格瓦拉被杀害。生前著作甚多，有《游击战》《古巴：是历史上的例外，还是反殖斗争的先锋》《切·格瓦拉在玻利维亚的日记》等。

永恒的战士
切·格瓦拉传

张学谦 著

华文出版社
SINO-CULTURE PRESS

图书在版编目（CIP）数据

永恒的战士：切·格瓦拉传 / 张学谦著. -- 北京：华文出版社，2012.12（2013.8重印）
（可爱的"坏孩子"·世界伟人成长传记系列）
ISBN 978-7-5075-3908-0

Ⅰ．①永… Ⅱ．①张… Ⅲ．①格瓦拉（1928~1967）-传记 Ⅳ．①K837.517=5

中国版本图书馆CIP数据核字（2012）第317227号

永恒的战士：切·格瓦拉传

著　　者：	张学谦
出版策划：	李红强
责任编辑：	张明华
出版发行：	华文出版社
社　　址：	北京市西城区广外大街305号8区2号楼
邮政编码：	100055
网　　址：	http://www.hwcbs.com.cn
电　　话：	总 编 室 010-58336239　发 行 部 010-58336212 58336238
	责任编辑 010-58336211
经　　销：	新华书店
印　　刷：	天津新科印刷有限公司
开　　本：	710×1000　1/16
印　　张：	9
字　　数：	74千字
插　　图：	8张
版　　次：	2012年12月第1版
印　　次：	2013年8月第4次印刷
标准书号：	ISBN 978-7-5075-3908-0
定　　价：	17.80元

版权所有　侵权必究

序
充满传奇色彩的人物

埃内斯托·切·格瓦拉（1928－1967），他是阿根廷人（出生地在阿根廷），又是古巴人（获得过古巴国籍，而且曾经担任古巴国家领导人）。不过，在他自己心中，那个被后世广泛叫作"切·格瓦拉"的人，还应该是刚果人（他曾经战斗在那里）、玻利维亚人（他死亡之地）。不，更准确的说法应该是美洲人、非洲人、欧洲人……或者简单地说就是"地球人"。因为，他属于世界上所有与贫穷、疾病、压迫坚持斗争的人，属于每一个有梦想、有追求而且勇于行动的人。

这个人，终身被哮喘病折磨着，但他的足迹却走过世界上数十个国家；他拥有医学博士学位，但始终没有把自己仅仅当成一名医生，他愿为拉丁美洲任何国家的解放事业贡献自己的生命；他通过艰苦卓绝的奋斗誉满天下，却又断然放弃拥有的一切，离开荣耀之地，继续为其他人、为别的国家战斗。

有人说，他是那个时代最完美的人；也有人说，他就是一个疯子，不懂得审时度势，满脑子都是狂热的念头。事实上，对切·格瓦拉的父母来说，他是那个最让人操心头疼的孩子，又是那个最让人为之骄傲的孩子。

但是，不管怎样，一个为他人疾苦全身心付出而不求任何个人回报的人，无论何时，总会给人无限的遐想；无论何地，总会给人无穷的力量。正因为这样，世界上有无数件短袖衫上曾经印着他的头像，有无数年轻人曾经把"我是切·格瓦拉"这句话放在胸前。

埃内斯托·切·格瓦拉的一生充满传奇色彩。也许，他的传奇是从一次又一次长途旅行开始的；或者，他的传奇真的源于哮喘病（墨西哥人豪尔赫·G. 卡斯塔涅达就是这样认为的）。但是，如果切·格瓦拉能够重生，他一定认为，遇到菲德尔·卡斯特罗是他一生最大的传奇，传奇真正开始的日子就是与菲德尔·卡斯特罗一道被关进墨西哥的监狱里。他一定会说："在那之前，我是埃内斯托·格瓦拉；在此之后，我是切·格瓦拉。"

目 录

引子：不是"我"，是"我们" …………………………………… 1
第一章 "爸爸，给我打一针吧" …………………………………… 7
第二章 "不别上把手枪我可不去" ………………………………… 17
第三章 "我，已经不是我了" ……………………………………… 27
第四章 "一位美洲士兵从此出征了" …………………………… 49
第五章 "切！切！切！" ………………………………………… 64
第六章 "我知道我们就是未来" ………………………………… 86
第七章 "让我们面对现实，让我们忠于理想" ………… 98
尾声："我们要让他们像切" …………………………………… 112
附录 切·格瓦拉年谱 ………………………………………… 116

作者手记 ……………………………………………………… 120

引子:不是"我",是"我们"

1956年7月24日,墨西哥城米格尔·舒尔茨大街内政部拘留中心,已经关押一个多月的菲德尔·卡斯特罗终于释放出狱。现在,曾经关押在一起的二十几个人,就剩下两个人了:切·格瓦拉和卡利斯托·加西亚。

这是阳光灿烂的日子,尤其是心情。从切·格瓦拉身上看不到任何悲伤的痕迹,28岁的他胡子刮得非常干净,尽管和以往一样,他的头发乱蓬蓬的,但是,他的脸上充满着自信和坚定。

前几天,担任阿根廷驻古巴哈瓦那大使的叔叔想通过自己的关系让切获释,切的妻子伊尔达·加德亚和好友菲德尔·卡斯特罗都认为那是不错的选择。可是,切拒绝得很干脆:"决不!我被关进来是因为要与古巴人一起推翻古巴巴蒂斯塔独裁统治,因而,要出去,我就想要和古巴人一起出去!"

菲德尔·卡斯特罗离开监狱前,一名记者拍摄了一张菲德尔和切在一起的照片。照片是在室内拍摄的:六张单人床相对排列,菲德尔站在中间的过道上,西装革履,正在系领带,眼神专注,似乎是准备着出去以后马上发表演讲;切站在右边两张床位之间靠墙的位置,上身赤裸着,皮带松松垮垮的,双手背在身后,他的眼睛似乎是在躲避记者的镜头;凳子上凌乱地摆放着衣服,报纸随意地扔在床头。

这里就是菲德尔和切共同战斗过的地方吗?是的。只是,在记者拍摄之前,菲德尔和切进行了一场激烈的辩论。菲德尔坚持着:"我不抛弃你。"无论多大的代价,不管是时间还是金钱,菲德尔也一定要把切从监狱里弄出去。切则坚持认为,不能为了他一个人而牺牲革命,错过革命的有利时机,尤其是在当下。因为菲德尔说过:"1956年,我们要做自由人,否则就成为殉难者!"时间已经过去了半年多,几十位战士刚刚脱离牢狱之灾,各项筹备工作正紧锣密鼓地开展。不过,争论归争论,切必须承认,菲德尔·卡斯特罗对待朋友和手下人这种一贯的尊重、爱护,使他赢得了手下人狂热的忠诚、爱戴和拥护。

菲德尔走了。没有了辩论的对手,切与往常一样,仰面躺在床上,渐渐陷入沉思之中。

他突然非常想念自己的女儿"小毛"。小家伙马上就满半岁了,长着宽宽的额头,一张东方人的脸,就像中国的领袖毛泽东一样。她是切的第一个孩子,她还好吗?切有二十几天没有看到孩子了。坐在婴儿床床头心无杂念地看着小家伙,那是切每次回到家里最享受的事情。

过了不知多长时间,切突然开始强烈地思念母亲塞利亚·德拉塞尔纳。母亲的病痛好些了,乳腺癌已经远离母亲,但她老人家还是需要亲人的照顾啊,是谁在陪伴她呢?古巴人都亲切地叫着"切",但事实上,母亲给他取的名字不是"切",他叫埃内斯托·格瓦拉·德拉塞尔纳,是埃内斯托·格瓦拉·林奇和塞利亚·德拉塞尔纳的大儿子,他还有两个弟弟和两个妹妹呢。"埃内斯托"是他的名,"格瓦拉"是父亲家族的姓氏,"德拉塞尔纳"是母亲家族的姓氏。从名字上可以看出,埃内斯托·格瓦拉是欧洲贵族的后代。

记得小时候,埃内斯托·格瓦拉总是欺负妹妹塞利亚和弟弟罗伯托,但对于小妹妹安娜·玛丽娅,他一直爱护有加。每一次哮喘发作的时候,如果小妹妹在身边,他的感觉就会轻松一些,背靠着小妹妹,他会觉得时间过得很快,哮喘似乎也会很快就会消失。自从大学毕业离开阿根廷以后,埃内斯托就再也没有见过他们了。此刻,他们都在忙些什么呢?

对了,还有托马斯·格拉纳多和阿尔贝托·格拉纳多这对好兄弟,一个是少年密友,一个是旅行伙伴,他们还在等着和埃内斯托团聚呀。"阿尔贝托,对不起了。"埃内斯托在心里说,"我本来打算和你一起在委内瑞拉的麻风病院工作,但现在,我不可能只是单纯地做一个医生了,如果是,也只能是革命医生。"

当然，在这电影回放似的沉思之中，曾经的埃内斯托、现在的切，思考得更多的是身边刚刚离开监狱的这群古巴人。这都是一些什么样的人啊？他们激情澎湃，说起话来口沫飞溅，但又沉静安详，内心波澜不惊；他们满怀理想，梦想着打回古巴，推翻巴蒂斯塔政权。就这么几十号人马，听上去真像遥远的传说一样，但他们确实充满自信，而且坚决地付诸行动。在和古巴人一起接受军事训练的那些日子里，切·格瓦拉前所未有地感到自己意志的坚强和身体的强健，始终如影随形的哮喘竟然没有发作过。他非常欣慰的是古巴人对他这个外国人的认同。大家同吃同住，共同训练，一起思考，朝着共同的目标迈进，这一切使切和古巴人之间建立起亲如兄弟般的感情，使切第一次全身心地融入到古巴人战斗团队里，成为团队不可或缺的一员。

这些年，在被古巴人叫做"切"之前，那个叫埃内斯托·格瓦拉的人四处游荡，看似有着明确的目的，比如去委内瑞拉和阿尔贝托一起当医生，但脑子里其实只有似是而非朦朦胧胧的想法。他走遍了阿根廷、秘鲁、玻利维亚、危地马拉等拉美国家，看过土著人一幕又一幕的生活悲情剧，感受过一次又一次动乱里的斗争，有过参与的热情，但更多是充当旁观者，算是隔岸观火，更像隔靴搔痒，有着无穷的力量却不知道怎样发挥，明明看得见痛处却无处下手。就像刚刚加入菲德尔·卡斯特罗领导的"七·二六运动"组织时那样，切总想着离开，他告诉菲德尔："如果革命能够胜利的话，在革命胜利后，请恢复我本人作为革命者的自由。"不过，说这话的时候,切的想法和正式加入古巴革命团队之前是不一样的。以前,切自己常常说:"我做的唯一一件事就是逃避我所讨厌的一切。"现在,切决心把自己献给革命,哪里有斗争,他就准备去哪里。

就在9天以前,切在监狱里给母亲写了一封信。信上,切兴奋地写道:"在这段岁月里,我发现一个我一度认为愚蠢,或者至少是奇怪的字眼,开始渐渐成为我们这个战斗团队的象征。在这个过程中,'我'的概念彻底消失,让位于'我们'。这种共产主义的道德观或许看起来是一种教条主义的夸大其辞,但事实上,可以感受到'我们'的激荡,确实曾经是,现在也依然是一种美好的体验。"切告诉母亲,"经历过在监狱和前段时间训练的日子,我开始完全认同这些革命同志,能够有这种焕然一新的感觉真是妙极了。"

不是"我",取而代之的是"我们"。在这种全新的自我定位之下,切想到死亡的时候,不再有一丁点儿忧伤。在信中,他对母亲说,"我不再将死亡看作是理想的夭折,就像您不知道的一位诗人说的那样,'我带进坟墓的,只会是未完之歌的梦魇'。"

双手交叉压在头下,切就这样平躺着,沉思着。也不知道过了多长时间,看上去,他睡着了。睡梦中,切的脑海并没有真正沉寂下来,那些童年、少年和青年时期的画面,总在晃来晃去,像影子一样虚幻,却又清晰可见;瞪大眼睛试图多看几眼,却又在刹那间不见影踪。

多年以后,1960年8月20日,切作为古巴的国家领导人,在面向哈瓦那医学院学生演讲时,他回忆往事,这样总结:"那时,我和我们每一位一样,都是我们身处的这个环境的孩子。"

① 被关在监狱里的格瓦拉本来是可以通过关系获释的,但他却拒绝这样做,为什么?
② 格瓦拉在给母亲的信里说:"'我'的概念彻底消失,让位于'我们'",从"我"到"我们"的转变说明了什么?

第一章 "爸爸,给我打一针吧"

1928年6月,埃内斯托·格瓦拉出生在阿根廷罗萨里奥市沿河大道480号。但是,他真正的故乡在科尔瓦多市西南40公里的上格拉西亚,从1931年秋天到1943年暑假,埃内斯托一直与家人一起住在那里。定居的唯一原因就是埃内斯托的哮喘:在上格拉西亚,埃内斯托被干燥、新鲜、纯净、清爽的空气呵护着。

两岁那年,经医生确诊,埃内斯托患上了哮喘。从那时开始直到生命终结,哮喘始终捆缚着埃内斯托飞翔的翅膀。

每次哮喘发作的时候,埃内斯托就被咳嗽、喘息折磨着,感觉自己的气息不够用了,一口气接一口气地呼吸,伴随着不间断的哮鸣声,觉得自己的胸膛被魔鬼死死地抱着,闷得发慌。在那一刻,埃内斯托总以为自己就要死了,要么无助地看着身边的小伙伴,要么静静地呆坐在家里。

在不知不觉中，哮喘病所造成的痛苦，让埃内斯托把自己与身边事物脱离开来。他是那么与众不同，又是那么与环境格格不入，他需要被保护，或者说强烈地需要自己保护好自己。与哮喘进行斗争的时候，他变得异常乖巧、听话。那一刻，他是世界上最懂事的孩子。

埃内斯托的母亲曾经有过哮喘病史，她对大儿子的疼爱使她下定决心：埃内斯托必须像普通小孩子那样生活。

最初的那几年，寻医问药是父母亲日常生活的重点，尽可能让儿子与外界隔绝成为父母日常关注的焦点。

无论多么难闻难找的药，他们都试图获取过；无论多难采取的措施，他们都尽量尝试过。不管是正规医院，还是江湖游医，只要有一丝希望，他们都尽全力争取。他们记得那只冤死的猫：听说把猫放在身边可以防止哮喘发作，于是，在埃内斯托睡觉的时候，他们也把猫放在他旁边。结果，第二天早上，他们发现，那只猫死了。也不知道是被压死的，还是窒息而死的。

哮喘是一种典型的身心疾病，精神紧张、情绪波动都可能独立致病，同时，运动或者灰尘、潮湿的空气也能导致哮喘发作。因而，焦灼不安的父母亲小心翼翼地防范着身边的一切：房间里不能出现扬尘，床上用品随时更换，花园里不能有狗出现，永远不准埃内斯托吃那些可能引发哮喘的食物等等。每次哮喘发作的时候，埃内斯托都会严格遵守父母的规定。但是，一旦哮喘平息，他就顾不得那么多了。比如吃的，只要哮喘不发作，他就可以一下子吃下一大堆东西。

渐渐地，父母亲发现，埃内斯托的哮喘病没有固定的发作模式,他们只能想办法控制。天长日久,父母亲开始为了儿子的疾病不断争吵。父亲总想着要约束住自己的儿子,为儿子的病痛担惊受怕。母亲呢,却再也不想约束他了,她希望儿子能够走出去和普通小孩一起玩耍、一起成长,希望儿子能够独立地克服哮喘带来的影响。既然上格拉西亚能够稳定埃内斯托的哮喘症状,母亲毅然决定定居在那里。

从此,埃内斯托有了相对固定的天地,但他的父亲却因此而捆住了自己发展的手脚:为了儿子的健康,父亲不能再回到阿根廷首都布宜诺斯艾利斯,在小镇里又找不到合适的工作。父亲觉得自己躁动不安,没有办法做任何事情,家里的经济条件也因此而每况愈下。

上格拉西亚是一个小有名气的温泉小镇,坐落在奇卡山的山脚下,有着几千人口。在这里,弟弟妹妹相继出生,埃内斯托呢,他慢慢地成长着,开始一点一点地显现出自己的性格特征:这是一个既固执又自律的孩子,总喜欢当孩子王,领导着一群孩子,又充满着无所畏惧的探索精神和竞争精神。

父亲和母亲都如饥似渴地热爱体育运动,尤其是户外运动,喜欢田野和山川河流。他们对运动的爱好影响了自己的儿子:埃内斯托在哮喘平息的时候,总是那么迫不及待地往外跑,也许是在家里憋屈得太久,也许是想考验自己身体的极限,他总是尽可能地跑得最快、玩得最疯狂。

父母亲明白,埃内斯托要想体验运动的乐趣,享受清新自由的空气,他必须付出巨大的努力,养成坚强的意志力。而且,只有强健的体魄才能让埃内斯托像普通孩子一样。

为此，母亲游泳的时候，埃内斯托时刻紧紧地跟在后面；父亲骑马的时候，坐在身后的总是埃内斯托。只要有时间，一家人就会去小河里划船，翻越小镇周围的每一座山峰，或者，在自家院子里进行着各种游戏。

就这样，埃内斯托全身心地投入到各种运动中，踢足球、打乒乓球、骑马、游泳，他可以和比自己大几岁的孩子一比高下。只是，哮喘深深地印在他的脑海：经常地，在和小朋友们尽情玩耍剧烈运动之后，他就会跑到父亲身边，气喘吁吁地说："爸爸，给我打一针吧！"小小的他知道，注射肾上腺素能够让他很快就和伙伴们一样了，而且，跑得更快。有时，正在玩乐中的埃内斯托会由于呼吸困难而突然倒下，小伙伴们只能拖着把他弄回家，但是，第二天，只要哮喘没有继续发作，他又会生龙活虎地出现在小伙伴面前。

由于哮喘的影响，埃内斯托没能像其他小伙伴一样正常上学。他最初的学习是和母亲一道进行的：母亲教他一个一

个地认识字母,朗读各种书籍给他听,他和母亲之间建立起深厚的母子感情,进而培养起浓厚的求知欲望。

1937年3月,埃内斯托一家在上格拉西亚第三次搬家。这次,这个没落贵族家庭因租房合同到期从尼迪亚搬到了恰莱特德富恩特斯。此前,他们在"岩洞"旅馆住了一段时间,又在齐齐塔住了两年。

现在,埃内斯托必须上学了。得力于母亲教育的基础,埃内斯托已经会读会写,因此,他跳过了小学一年级,直接读小学二年级。不过,在小学的几年里,由于身体疾病的原因,他只有两年时间是正规上学。四到六年级的时候,他只有在身体吃得消的时候才去学校,其余时间,都是由弟弟妹妹把作业抄写回来,他在家里自学。

正是得益于这一点,埃内斯托有更多的自由时间和伙伴们在一起。

上格拉西亚周围有着丰富的矿山,比如钨矿、云母矿,另外还有大理石、石灰石,矿工的孩子最难打发的就是时间;小镇周围有不少农田,农民的孩子们也有着丰富的时间,于是,矿工和农民的孩子成为埃内斯托最好的伙伴。加上学校里的同学,埃内斯托的校内校外生活由此而显得五光十色。

穷苦人家的孩子似乎天生具有冒险精神,埃内斯托又有着突出的探索欲望,他们最乐于寻找新鲜事物。

有一次,埃内斯托带着这帮矿工和农民的孩子,摸索着爬进一座废弃的矿井通道,一步一步试探着往里走。尽管他们万分小心,但依然碰得头破血流。不过,他们随后宣称,这里是属于他们自己的秘密营地，既不准任何人对外泄露，更不能让其他小孩子踏入一步。

平常时节，他们最喜欢追逐小镇周围的公羊，争相比试谁能够骑到公羊背上。愤怒的公羊发力狂奔，伙伴们想象着这就是传说中的"斗牛"游戏，一个个嘻哈大笑、乐此不疲。

在这种时候，埃内斯托最喜欢展示自以为强大的一面：横跨峡谷的铁路支架是他表演的舞台，他喜欢吊在空中荡来荡去；街边的路灯是他消灭的对象，他总是拿着弹弓一个一个地破坏。

嬉戏打闹是时间过得最快的时候，而且，母亲又最乐意看到埃内斯托和小伙伴们在一起，随时敞开大门欢迎这些埃内斯托的朋友。

玩累了，埃内斯托邀请伙伴们到家里喝马黛茶，一根吸管在孩子们之间传来传去，大家像大人一样轮流喝；饿了，在埃内斯托家总能找到吃的。

在邻居眼里，埃内斯托家里总是熙熙攘攘的，不断有人出入，孩子们无拘无束。

有一天晚上，邻居家正在举行一场正式的宴会，突然，从窗户那里飞进来一串鞭炮，把来访的亲朋好友炸得惊慌失措。邻居大怒，出门一看，埃内斯托带着一帮孩子正在向街道的另一头飞奔。

那晚，埃内斯托很晚才回家，他藏在野外，在等待邻居的愤怒平息，也在等待父母亲寻找他。那些住在贫民区的孩子回家了，埃内斯托还在等待。

艾尔娃·罗西是格瓦拉的老师。一次,格瓦拉又在课堂上装模作样,老师决定惩罚他,手段依然是打屁股。但老师这次失算了,一巴掌打下去,格瓦拉笑了,老师却想哭。原来,格瓦拉在短裤里放了一块砖头,老师的手受伤了。

名家名言

为了考验人的德行,上帝有时让人走令人毛骨悚然的路。

名家名言

我怎能在别人的苦难面前转过脸去。

其实，母亲早已容忍埃内斯托胡作非为般的荒唐举动。因为，在小镇居民眼里，埃内斯托的母亲出身高尚家庭但言行却分外荒唐：母亲总是直接挑战当地人眼中的生活习惯，她是上格拉西亚第一个开车的女性、第一个穿长裤的女性，而且，居然还抽烟。但母亲又是最讲民主的，慷慨大方，脾气特别好。

至于在学校里，当然，顽皮的埃内斯托名气很大。

墨水瓶里的墨水，没有同学敢喝，但埃内斯托敢。到讲台上完成例题，看到粉笔盒只有一支粉笔了，他居然抢过身，一口把粉笔吃掉，然后双手一摊无奈地看着老师，惹得全班同学哄堂大笑。

艾尔娃·罗西是埃内斯托的老师。一次，埃内斯托又在课堂上装模作样，老师决定惩罚他，手段依然是打屁股。但老师这次失算了，一巴掌打下去，埃内斯托笑了，老师却想哭。原来，埃内斯托在短裤里放了一块砖头，老师的手受伤了。

不过，不能因此而想当然地认为埃内斯托学习差劲。从成绩记录卡上看，他的成绩基本上是优秀和良好，总体评价为"令人满意"。

有一次，埃内斯托在课堂上大声讲话，老师忍无可忍，突然点到他的名字，给了他两种选择：要么走到讲台上把老师正在讲解的一道方程题做出来，要么保持安静。埃内斯托看了看黑板上的方程题，直接走上讲台，毫不思索地三下五除二就把复杂的方程题解答清楚了。老师一下子无话可说，沉默了半晌，对全班同学说："孩子们，像格瓦拉一样吧，不要学习，但要学会！"

看到儿子的学习成绩,母亲颇为自豪。她知道,由于自己不想改变随性而为的生活态度,尽管家里总是有一个凌乱的图书角,但环境太嘈杂了,儿子看书学习都是自己找地方。儿子的好几本书上都印着鸡爪子,那是儿子在养鸡场看书时留下的。儿子思维敏捷,老师讲课的进度跟不上儿子学习的进度,不时的倦怠和捣蛋也就在所难免了。

就在1937年,在自己卧室的墙上,埃内斯托把一幅西班牙地图挂了上去。从那时开始,西班牙内战被搬到了埃内斯托家的院子里、小镇外的田野里和山坡上,埃内斯托和伙伴们被战争弄得眼花缭乱。

西班牙内战在1936年就爆发了。1937年初,埃内斯托的姨爹,一名《阿根廷评论报》的记者,去了西班牙,姨妈一家搬到了上格拉西亚。紧接着,从西班牙所在的伊比利亚半岛驱逐出来的一些家庭也来到上格拉西亚。其中,西班牙共和党海军军医长胡安·冈萨雷斯的妻子和四个孩子渐渐变成了埃内斯托一家人的亲密朋友,大人和大人在一起讨论,孩子和孩子在一起玩耍、上学。

从此,从西班牙传来的各种消息、函件、印刷品就成了埃内斯托一家激动人心的大事。共和派和佛朗哥军队的每一次进退,都会激发起家人朋友的热烈讨论。

埃内斯托呢,他带领伙伴们在花园里建造战场,有大山、有战壕,甚至插上了各种标明军队推进路线的小旗帜。听到战争史上第一次飞机对坦克的轰炸,更是让这些小家伙兴奋莫名。只要有机会,他们就会进行战争游戏:用泥土、石块或者随便什么东西,堆砌成掩体,弄出两条战壕,然后,小伙伴们分成两派,每一派自己进行内部分工,有的负责投弹,比如柚子、小石子等等,有的负责运送弹药;紧接着,双方开始相互投弹,直到有一方投降或者有人受伤,战争游戏才会结束。类似的战争游戏有时会持续很长时间,一次,他们打了整整半天,直到埃内斯托被柚子击中眼睛才宣告结束。

在房子四周或者田野里,埃内斯托有很多战略物资储备库,有的放子弹(各种小物件和可以用来当做子弹投放的任何东西),有的摆满枪支(主要是各种造型的树枝)。每建造好一个战场或者储备库,埃内斯托都会扬扬自得。

战争在持续,埃内斯托受到父母的影响,开始站到共和派一边。为了表达对共和派的支持,埃内斯托给家里的宠物狗取名为"内格里塔",因为,共和派的最后一任总理叫胡安·内格林。

1939年,西班牙内战结束,共和派被镇压,紧接着,第二次世界大战爆发了。

此时,埃内斯托11岁了,父亲创建了"阿根廷行动党"的地方分部,埃内斯托则加入了阿根廷行动党的"青年团",开始监视山谷附近德国人居住区的任何可疑行动。

现在,战争游戏的范围更加广阔了,埃内斯托在地图上追逐的是世界大战的形势。

由于父亲把全部精力投入到了组织中,母亲喜欢睁一只眼闭一只眼,家里更加乱哄哄了:家门始终敞开着,小孩子、朋友、来访者、过路人络绎不绝,摩托车、自行车来来往往,吃饭没有准点的时候,陷入完全无序的状态。但是,这些都不妨碍埃内斯托的求知欲望,在游玩、冒险的同时,他开始大量看书,尤其是各种探险小说;而且,总是喜欢问各种各样的问题,总是喜欢顶嘴。

到了1942年3月,埃内斯托开始上中学了,学校在40公里外的科尔多瓦市。他每天乘坐巴士车,同行的学生往往都穿着西服,打着领带;他呢,总是穿着夹克、短裤,袜子也总是皱皱巴巴的。

1943年暑假,全家人离开上格拉西亚搬到科尔多瓦。

少年时代的埃内斯托已经远去,陪伴着他的哮喘病却依然那么顽固。他始终记得跑到父亲身边呼喊的声音:"爸爸,给我打一针吧!"以至于在多年以后的古巴首都哈瓦那,在写给母亲的信中,他说:"我依靠平喘药物要胜过我依靠枪支。"不过,他随后补充道:"在哮喘病发作时,我习惯动脑子思考。"

① 虽然格瓦拉两岁时就患上了哮喘病,但他却非常喜欢户外运动,请想想他都参加了哪些运动?

② 埃内斯托的顽皮在学校是出了名的,他都做过哪些让人哭笑不得的事?

第二章 "不别上把手枪我可不去"

1943年的阿根廷科尔多瓦市智利街,房子多数是新修的。位于街尾的288号,有一栋两层楼的房子。这里是埃内斯托的新家,是父亲租来的。父亲终于在科尔多瓦找到了一个合作伙伴,成立了一家建筑公司,指望通过承揽建筑业务改变全家的经济状况;埃内斯托也终于可以省去每天上学途中来回80公里的奔波了。

美中不足的是,父亲和母亲两人之间的关系似乎越发紧张。家里总是看不到父亲的影子,父亲总是在忙着自己的事情。埃内斯托和弟弟妹妹也在忙着自己的事情,尽管自己似乎也不知道究竟忙了些什么;母亲呢,带着刚刚出生几个月的胡安·马丁(埃内斯托最小的弟弟),一如既往地进行着各种社交活动。

1943年的科尔多瓦市,与阿根廷这个国家一样,正在悄悄而又执著地发生着前所未有的改变。

从表面看,这是一座美丽的花园城市,被一望无际的南美大草原包围着。这里拥有阿根廷第一所大学——创建于1622年的科尔多瓦大学,又有很多殖民时代的建筑,还有古老的教堂,保持着宁静祥和的气息。

但事实上,与阿根廷首都布宜诺斯艾利斯进行的工业化、现代化进程相伴而生,整个国家的人口构成在发生着巨大的变化:越来越多的农民、失业的矿工、流浪者在不断涌进城市。

城市表面上的繁荣与社会底层的穷困正像暗流一样相互碰撞、冲击,你可以视而不见,但却无处躲避。

埃内斯托所在的智利街街尾,与查卡布科大道交会。大道的另一侧,绿树成荫,灌木被修剪得整整齐齐,科尔多瓦大学掩映其中,一派庄严气象。至于智利街穿过的另一面,则是这座城市最贫瘠的几片荒地,叫做下等人居住区也好、贫民窟也罢,住在那里的人,不是忍饥挨饿就是缺衣少食,不是受人歧视就是被社会排斥。如果也可以叫做房子的话,那里的房子要么是用生锈的铁皮做的,要么就是用纸板封的,充斥在房子中间或者四周的是各式各样的垃圾、苍蝇蚊虫。

十五六岁的埃内斯托现在开始长个子了,有一些消瘦,皮肤白皙透明,肩膀比寻常孩子宽阔,眼睛是深棕色的。

也许是缘于哮喘病长期的影响,或者是一个人经常看书的缘故,看上去,他是那么与众不同,甚至可以用鹤立鸡群来形容。埃内斯托对衣着打扮没有任何兴趣,黑褐色的头发总是乱蓬蓬的,估计长年累月也难得梳理一下;衬衫总是露在裤子外面,或者敞开着,或者随意扣上几颗纽扣,能够一周洗上一次也就不错了;至于鞋子,鞋带似乎永远都不会系上。他对人态度冷漠,不拘礼节。说话的时候,他不会顾及其他人的感受,语气冲动,言辞激烈,总想表达自己认为真正独到的观点,语不惊人死不休,常常弄得别人下不来台。

看看埃内斯托身边的同学,与他相比,只能用天壤之别来形容了:干净的衬衫总是配着严谨的领带,皮鞋通常都能照出人影,不是富裕之家,也是一副上层社会富家子弟的样子;对正在进行的第二次世界大战也许没有进行过深入的思考,但总会将一两个国家元首作为自己的偶像,别人提及偶像的名字,立即就会显现出兴奋崇拜的神态。

有一件事情,或许可以反映出埃内斯托与富家同学的特殊关系。

在城市垃圾场里,住着一名"狗人"。既然是"狗人",年龄当然无法判断,大概就在35岁到60岁之间吧,他失去了双腿,常年坐在一辆破烂不堪的木板车上,由两条狗拖着前行。两条狗就是他的两条腿,或许"狗人"的来历就是这样。

这样的人,生活来源主要依靠两种途径,要么吃别人扔掉的垃圾,要么沿街乞讨。埃内斯托不知道"狗人"的两条腿是怎么失去的,他不明白:两条狗既然就是"狗人"的两条腿,为什么"狗人"却对那两条狗非常残忍。

早上,"狗人"从垃圾堆旁的一个地洞里醒来,立即开始鞭打那两条可怜的狗,让狗费尽全部气力把他拖到地面上。"狗人"声嘶力竭的吼叫声和两条狗痛苦的汪汪声,对于住在附近的居民来说,往往就意味着一天的开始。

这天,埃内斯托和几个同学正走在放学回家的路上,他们突然听见"狗人"和狗的吼叫,转身一看:一群淘气的孩子正在追打着"狗人"和他的狗,有的在朝"狗人"扔石块,有的吐口水。孩子们在嘻哈大笑,"狗人"和狗则在徒劳地挣扎反抗。

几个同学漠视着这一场景,准备转身继续朝前走。猛然,他们发现埃内斯托已经跑了过去,开始大声呵斥那帮穷孩子,并捡来一根树枝驱赶他们。

小孩儿们嬉笑着跑开了。埃内斯托正打算上前帮一下"狗人":他发现"狗人"的木板车被几块石头卡住了。冷不防,"狗人"一鞭子挥过去,差一点就打着埃内斯托。埃内斯托躲过这一鞭子,正惊愕间,"狗人"再次挥出鞭子,边打边骂:"你们这些狗娘养的白人,就能欺负我。滚,滚,我打死你！打死你！"

同学们赶紧跑过去,拖住埃内斯托往回走。

埃内斯托不明白:明明是他在帮"狗人",为什么"狗人"要把鞭子挥向他?他挣脱同学的手,一言不发,闷闷不乐而又大步流星地一个人往家走,也不理那几个保护他的同学。

据说,这一天晚上,他没有吃晚饭,一个人躲在屋里看书,弟妹叫他他也不应一声,然后就睡觉了。

接下来的几天里,埃内斯托总是郁郁寡欢,满腹心事。一星期以后,埃内斯托在科尔多瓦最亲密的伙伴托马斯·格拉纳多到家里找他,两人商量着要参加学校的橄榄球队,埃内斯托才再次开心起来。

学生球队的教练是托马斯的哥哥阿尔贝托·格拉纳多。

阿尔贝托看着15岁的埃内斯托,二话不说,拉着弟弟和埃内斯托就往球场上走。

来到球场的一角,阿尔贝托叫两名队员抬起一根杆子。他测量了一下,将杆子调整到距离地面1.5米高的位置,然后,指着前方的杆子说:"如果你们能够跳过去,我就让你们参加训练。训练成绩合格就可以加入球队。"

托马斯一跃而过,埃内斯托犯愁了:托马斯比他高,而且更结实,他实在缺乏信心。但犹豫只是刹那间的事儿,埃内斯托看了看,深吸一口气,助跑,起跳,也是一跃而过。

轮到阿尔贝托不相信了,他怀疑是自己的两名队员在有意放水,降低了杆子的高度。他说:"埃内斯托,如果你能够连续多次跳过去,我就让你参加。"

说完，阿尔贝托亲自举着杆子。他知道，埃内斯托有哮喘病，因此，他不想让埃内斯托参加他的球队。

但是，一次，两次，三次，埃内斯托都轻松地跳过去了。没办法啦，埃内斯托成功加入了橄榄球队。

在橄榄球比赛中，球员可以打任何位置，但不同位置的作用是不一样的，对球员的能力要求也是不一样的。通过一段时间的训练，埃内斯托找到了自己的最佳位置：并列争球前锋。这个位置上的人是球场上的领袖，是进攻球员和后卫之间的纽带，是发起进攻的人，控球能力要好，要不断地给前锋发出指令。因而，这个人必须眼观全局，且具备强烈的进攻意识。对于埃内斯托来说，这个位置有一个极大的好处，那就是运动的时候相对较少，呼吸困难的风险相对降低。

渐渐地，在球场上，埃内斯托赢得了"大无畏攻击手"的美名。每一次进攻的时候，他都会大喊："小心！爆脾气来了！"不过，在球赛中，他还是会经常退场，跑到场边用哮喘吸入器喷射一番，随后继续参加比赛。

剧烈运动会引发哮喘，埃内斯托的父亲对此

特别担心,他禁止埃内斯托继续打橄榄球。埃内斯托呢,永远不想把自己当成哮喘病人。他相信,要战胜哮喘,自己就必须像正常人一样。

父亲找到橄榄球队的俱乐部主席,要求球队剔除埃内斯托。

放弃自己喜欢的事情,在埃内斯托看来,这是绝对不能容忍的。不久,在另外一家橄榄球俱乐部,埃内斯托又打上了他的橄榄球。

通过橄榄球,阿尔贝托渐渐喜欢上了这个比他小六岁的球员。

他发现,除了是球场上的"拼命三郎",埃内斯托还不可思议地读了很多书,有的书,连自己都没有看过。大仲马、杰克·伦敦、儒利奥·凡尔纳、左拉、弗洛伊德、波德莱尔,还有很多人的书,埃内斯托都认真阅读过。

埃内斯托对书籍有着特别的依恋。阿尔贝托发现,哪怕是在等待其他球队完成训练的间隙,埃内斯托都会抓紧时间看书:有时是坐在地上,有时是靠在球场的灯柱上,有时就只是站在那里,一动不动的。那样子,就像一尊雕塑。阿尔贝托还发现,探险内容的书是埃内斯托最喜欢的。

就这样,除了课堂之外,阿尔贝托和埃内斯托总是在一起打球、一起讨论看过的各种书,直到1943年11月,阿尔贝托被逮捕。

阿尔贝托是因为上街参加示威游行而被政府逮捕的。

1943年6月,为避免德国势力的进一步影响,防止外国经济势力侵蚀阿根廷,阿根廷卡斯蒂略政权被推翻。新领袖上台后采取了一系列镇压措施,解散议会,后来甚至开始限制新闻自由,干涉大学教育,导致各地学生走上街头抗议示威。

就在阿尔贝托被捕后不久,各个学校准备发动更多的学生上街游行。埃内斯托拒绝参加,他告诉自己的朋友:"上街游行?让那些家伙拿着警棍把我们的屁股打个稀烂?疯子也不会这么干!不别上把手枪我可不去。"

他依然故我,干着自己想干的事情,不同之处在于:埃内斯托开始严肃认真地阅读哲学、社会学书籍,他希望能够从书中解读自己所处的社会,看清楚为什么不同人群的差异会如此巨大,弄明白第二次世界大战到底是怎么造成的,阿根廷国内为什么也会不断发生动乱。

1944年初,阿尔贝托被释放。埃内斯托、托马斯、阿尔贝托,三个亲密朋友又开始像先前一样时常聚在一起。不过,托马斯和阿尔贝托兄弟越来越发现埃内斯托不一样了。

埃内斯托身边越来越充斥着大家不喜欢的穷人,越穷的人,埃内斯托越喜欢。

有一次,几个好朋友约好去看电影。在电影院门口,埃内斯托看到一位儿时的伙伴在地摊上卖糖果。埃内斯托一下子冲过去,兴高采烈地拉着对方的手,似乎有说不完的话。几个好朋友被他晾在一边,不理不睬的。朋友们想拉开埃内斯托,但埃内斯托死活不肯。没办法,朋友们只好悻悻地离去。

在中学学校里,埃内斯托继续调皮捣蛋。1945年,由于违反纪律,他被校长警告了超过10次。

不过,长期的课外读书学习,让埃内斯托始终保持了基本优秀的学习成绩。为了保证有足够的时间读书,他常常一个人躲在浴室里几个小时。成绩优秀的他甚至在16岁中学尚未毕业时就找到了一份有报酬的工作:在实验室里检查公路建筑材料的质量。

埃内斯托在科尔多瓦的家,依然和上格拉西亚一样,来去自由,人声嘈杂,东西杂乱堆放。为了找到一个属于自己的读书环境,为了把自己和其他人隔离开来,埃内斯托偷偷在外面租了一间房子。

1945年,受反对派军官驱逐,阿根廷政坛领袖胡安·多明戈·贝隆被监押在海岛上。

一个穷裁缝的私生女、舞女、高级交际花艾薇塔在阿根廷全国各地演讲:"你们的苦楚,我尝试过;你们的贫困,我经历过。贝隆救过我,也会救你们;贝隆会支持穷人,爱护穷人,假如不是这样,他怎会对我宠爱有加?!"

当年10月17日,无数阿根廷人拥向街头,迎接贝隆回到首都布宜诺斯艾利斯。

1946年2月,贝隆正式当选为阿根廷总统,艾薇塔·贝隆成为"第一夫人"。

同年,埃内斯托18岁了,即将中学毕业。此时,第二次世界大战已经全面结束,世界被分成了以苏联为首的社会主和以美国为首的资本主义两大对立的阵营,他们相互遏制、展开军备竞赛,世界进入了"冷战"时期。

对于今后该怎么过,埃内斯托没有深思熟虑。他想,"既然托马斯·格拉纳多准备进入科尔多瓦工程学院,我也选择工程学吧。"

这时候,父亲的建筑公司垮了,欠了一屁股的债。埃内斯托的祖母住在阿根廷首都布宜诺斯艾利斯,有自己的房子。于是,一家人准备全部搬过去。

埃内斯托决定继续留在科尔多瓦。在中学毕业以后到上大学之前,他和好朋友托马斯·格拉纳多以土壤专家的身份开始一段时间的全职工作。工作任务就是检查道路工程的材料质量。

后来,许多年以后,埃内斯托当年的同事说:"我干了几十年的工程材料检查,埃内斯托·格瓦拉是我见过的唯一一个不收取工程贿赂的人。"

① 在对待垃圾场的"狗人"态度上,埃内斯托与其他同学有什么不同?
② 埃内斯托为什么拒绝参加上街游行?

第三章 "我,已经不是我了"

　　1947年6月,天空一副似醒非醒的样子,乌云笼罩着大地,城里的黑烟囱总是那么突兀地矗立着,好像在静默地悼念什么人。南美洲阿根廷的气候在此时显得有些干冷,晚上冻得人直打哆嗦,总是让人忍不住在想起一些先前往事的同时,期待着明天会多几许清爽。

　　阿根廷首都布宜诺斯艾利斯,阿里纳勒斯大街和尤里布鲁大街转角处,一栋五层楼的公寓里,时间是下午五点过,没有人说话,空气似乎凝固了,冷冷清清的。埃内斯托·格瓦拉·德拉塞尔纳一家人难得地围坐在一起,都在想着自己的心事儿。两个年龄最小的孩子不知道发生了什么,一会儿看看这个,一会儿看看那个,不敢发出一丝声响。

　　这栋公寓不是格瓦拉家族最后的象征,因为它是租来的。而且,公寓已经破落,从外表再也看不出当年的繁华,更显不出半点尊贵。埃内斯托爷爷的爷爷曾经是南美洲最富有的人，祖上在欧洲的时候，还是身份高贵的西班牙贵族。如今，父亲就剩下建筑师的身份；埃内斯托自己呢？一名科尔多瓦市玛丽亚镇的工程材料质量检查员，一名即将入学的大学生。至于父亲和母亲，性格不同的他们伴随着经济状况的恶化而不断争吵。不过，现在不吵架了。因为，他们的婚姻已经破裂。只是，弟弟妹妹们今后的生活该怎么办？

祖母一直住在这栋公寓里，可前几天，96岁的老祖母过世了。

对埃内斯托来说，那真是一生中最伤心的时刻。埃内斯托尽了自己最大的努力，他尝试着用各种各样的办法安慰祖母，想逗她开心，轻轻地依偎在旁边祈祷。

在祖母身边守候了整整17天，随着祖母一点一点地消耗自己最后的气力，埃内斯托倍感自己的无能，梦想着能够生产一种起死回生的药物，不仅造福祖母，也造福像祖母一样痛苦的所有脑溢血病人。

祖母走了，埃内斯托瘫倒在地，浑身虚脱，是妹妹塞利亚把他扶回房间的。

他本想趴在妹妹肩上痛哭一场，但看着已经惊呆的妹妹，他只能勉强地笑了笑："放心吧，哥哥明天就好了，没事儿的，有哥哥在。"

三月的时候，父母亲和弟弟妹妹就已经搬回这里。后来，父亲弄了个建筑师工作室，搬出去了。这里，只剩下母亲和年幼的弟弟妹妹。埃内斯托对自己说，不能再回科尔多瓦去了,还是在首都上大学吧。

这次,父亲从工作室过来,清理完祖母的遗物,把一家人召集起来,准备开一个家庭会。

但是,家庭会还没有开始,母亲塞利亚·德拉塞尔纳就说:"你还是回去吧,这里不欢迎你!"父亲的婚外情伤透了母亲的心。

过了一会儿,母亲又说:"我儿子回来了,我谁也不需要了。"语气坚决,没有回旋的余地。

父亲走也不是,留也不是。一家人尴尬地坐着,空气停滞了,时间也停止了。

不知过了多久,父亲站起来用拳头捶了捶埃内斯托的肩膀,什么也没说,甚至忘了亲吻一下他最小的两个孩子,转身走了。

"妈妈,我不去科尔多瓦大学学工程了,我准备上布宜诺斯艾利斯大学医学系读书。"几乎就在父亲离去的一瞬间,埃内斯托告诉母亲。

"儿子,你决定了?"母亲问。

"是的,昨天晚上定下的。"埃内斯托答道,"我已经决定了。"然后,他转身看着弟弟妹妹:"哥哥带着你们玩一下吧,屋里好像有点冷。"

不管怎样,父亲并没有丢下他们。后来,父亲终于弄了一笔钱交给母亲,让他们买了一处自己的房子;而且,父亲配了几把工作室的钥匙交给孩子们,这样,孩子们可以随时自由地出入他的工作室。

埃内斯托绝不对母亲食言。当月,他向布宜诺斯艾利斯大学递交了申请,随后,他正式成为医学院的一名学生。

当然,留在母亲身边,留在布宜诺斯艾利斯学医,这是埃内斯托深思熟虑的选择,绝不是一时的冲动。

那一夜,他在床上辗转反侧,想自己一直以来的生活,想哮喘每次发作时的痛苦,想自己的母亲和弟弟妹妹。

母亲前几年就患上了乳腺癌,1945年的时候做了第一次手术,但一直被癌症的影响缠绕着。随着祖母一天天远去,埃内斯托就动过学医的念头:既为了像祖母和母亲一样受病痛折磨的人,也为了自己。他想,通过自己的深入研究,说不定,自己可以战胜哮喘病,成为一名过敏症专家呢。

改变自己的人生方向,也许是一种痛苦的选择。但是,对此时此刻的埃内斯托来说,他觉得这是一种责任,他反而感到很充实。

现在,埃内斯托前所未有地忙碌起来,一天到晚风风火火的,他想打理好所有事情。

首要的问题是钱。

家里的钱总是不够用,埃内斯托把在科尔多瓦挣的钱全部交给了母亲,他要替父亲承担家庭的责任。紧接着,他开始不断倒腾挣钱的事业。

在上学的同时,埃内斯托开始承揽各种各样的兼职工作,教法语,在实验室做实验,摆地摊等等。

后来,他尝试着自己办厂,生产一种杀虫剂,计划将杀蝗虫的六六六杀虫剂改变成杀蟑螂的药。他做了很多实验,把家里弄得臭气熏天,最后,家里人和他自己都变得忍无可忍,只能选择放弃。

他不甘心,又计划尝试推销工作:用极低的价格买了一批皮鞋,准备挨家挨户上门推销。可惜,为了降低成本,他买的鞋子属于厂家的尾货,不是码子不对,就是根本不合脚,难以凑成一双完整的。那些看上去完整的一双鞋,终于慢慢地卖掉了。余下的一大堆鞋,埃内斯托看着就发愁,好不容易卖出去一只鞋,买主是街头的一个独脚男子。可是,到哪里去找那么多独脚人啊?

于是,人们看到了一个奇怪的现象:埃内斯托总是穿着一双大小不一甚至颜色都不一样的鞋出门。

后来,父亲的工作室有了起色,又成立了一家建筑工程承包公司。这样,埃内斯托才渐渐放弃了他的挣钱事业。

1948年,埃内斯托20岁了。阿根廷军队征兵,结果,由于哮喘病,军队拒绝了他。他对朋友开玩笑说:"这对烂肺总算派上了用处。现在,我要开始干自己的事儿了。"

所谓自己的事情,不外乎城里城外两方面。城里:读书、学习、做实验、交朋友;城外:不断旅行,而且距离不断扩大。

萨尔瓦多·皮萨尼医生是过敏症专家,有一家自己的私人诊所。埃内斯托的哮喘病经常去找皮萨尼医生看。一来二去,埃内斯托成了皮萨尼医生家庭成员的一分子,成了皮萨尼医生的研究助手。

皮萨尼医生发现,埃内斯托这个小伙子对他具有无比的吸引力:在实验室,小伙子神情专注,不知疲倦,总是详细地记录每一组数据,然后不断查找各种资料,在某个不经意的场合,提出有着真知灼见的专业问题;对待病人,小伙子态度和善,耐心细致,与病人的沟通总是十分顺畅。

皮萨尼医生渐渐相信,假以时日,埃内斯托就是自己的衣钵传人。

除了皮萨尼医生,埃内斯托在布宜诺斯艾利斯最喜欢的人就是蒂塔·因方特了。

蒂塔·因方特是埃内斯托的大学同学,女性,两人建立起终身的友谊。当然,用"友谊"这个词其实不够恰当,因为,蒂塔完全被埃内斯托这个放荡不羁、我行我素而又英俊潇洒的大男孩吸引。

此时的埃内斯托已经是一个非常有魅力的年轻人了,身高一米七五,眼睛炯炯有神,有一丝忧郁,又满含柔情,鼻梁挺立,前额稍宽。他总是那么充满主见,对各种事情他又总是毫不畏惧,给人以信心和安全感。

蒂塔和埃内斯托有着太多的共同语言了:对首都来说,他们都是外来者;对家庭来说,他们都出自破碎家庭;两个人都很孤独,注重独立思考;两个人都喜欢读书,探讨各种问题。与蒂塔待在一起,埃内斯托轻松自如,他愿意与蒂塔谈论各种各样的问题,毫无拘束地敞开自己的心扉。对埃内斯托来说,蒂塔就像亲人一样,两个人在一起没有任何歪门邪念,对方是最值得信任的人。

渐渐地,热情好客的母亲又把家里弄得和科尔多瓦的家一样。家里恢复了热闹嘈杂,又是人来人往的。

埃内斯托也不管那么多了，要么躲在父亲的工作室里看书学习，要么躲在舅妈家里。不同的是，现在埃内斯托的关注点在悄悄发生变化。

贝隆上台后，阿根廷确实发生了不小的变化。贝隆总统关注下层老百姓的生活，主张"劳工主义"；希望阿根廷的经济发展能够独立自主，脱离对欧洲国家和美国的依赖，主张"民族主义"。但是，贝隆总统对自己的反对派，采取了严厉的镇压手段。埃内斯托的母亲坚决反对贝隆主义，把贝隆的民族主义当成独裁统治。母亲的一家来自欧洲，母亲的哥哥姐姐也都出生在欧洲，对贝隆总统排斥外来影响的做法似乎天生反感。

国家在发生着巨大变化。自己身边的年轻朋友呢？都在热衷于追赶时髦、追逐金钱，他们在谈论着牛仔靴、牛仔裤、意大利衬衫、英国套头衫什么的。穿着发黄的尼龙衬衫的埃内斯托与他们格格不入。

眼前发生的一切到底意味着什么？埃内斯托没有想明白，他开始更加广泛地阅读哲学、社会学书籍，尤其是社会主义和共产党的书籍，比如《共产党宣言》《资本论》、列宁的演讲稿、《共产主义和基督教》等等。蒂塔是阿根廷共产党党员，她和埃内斯托共同研究马克思、恩格斯、列宁的书籍，都想从中寻找答案，他们开始把卡尔·马克思称为我的"圣卡尔"。

但是，只有阅读是不够的，埃内斯托更渴望着能够走出去看看外面的世界，把自己的所思所想与外面世界的所见所闻结合起来。

短距离的旅行已经满足不了埃内斯托的好奇心和观察世界的欲望。1950年1月1日,22岁的埃内斯托开始了第一次长途旅行。

这一次,他在自行车上安装了一台"米克龙"牌发动机,将自行车改装成电动车。出发前,埃内斯托拍了一张照片。照片上,他双手紧握自行车龙头,双脚踩在地面上,抬头正视前方。他的穿着打扮像一名远征的战士:头戴遮阳帽,一副墨镜架在鼻梁上,身穿夹克,一条备用轮胎斜挎在肩上,神情坚毅。

旅行的第一站是他最熟悉的科尔多瓦,他要在那里会见自己中学时代的朋友。然后,他转而向北,到达圣弗朗西斯科·德尔查纳,拜访自己的密友阿尔贝托·格拉纳多。

阿尔贝托正在那里的麻风病院工作,埃内斯托和他一起巡视麻风病人。很明显,埃内斯托在麻风病院被极大地震惊了,肢体残疾的麻风病人让他生出极大的同情心,但他更愿意把他们看成一个正常人。他像普通人一样和他们谈心,难以忍受医院对病人的冷漠态度,甚至为此而和阿尔贝托大吵了一架。

过了几天,埃内斯托继续往阿根廷偏远的背部和西部省份前行。路上,他跨越了大盐漠,穿越森林,以医学院学生的身份拜访了一家又一家医院。一个多月的时间里,埃内斯托骑行了5000公里,足迹走遍阿根廷北部的十二个省,第一次深入到祖国的内地,第一次和下层劳动者吃住在一起并与他们结交成朋友，第一次深切体会到国家表面的繁荣与背后的穷困腐烂。

在这次旅行中，有个流浪汉给埃内斯托上了生动的一课。

一次，他为了速度更快，用手搭上了一辆高速行驶的汽车。结果，自行车爆胎了，自己倒在了路边的草垛上，吵醒了正在那里睡觉的流浪汉。

这个流浪汉不仅没有怪他，反而给他泡了一杯马黛茶，他们聊了起来。

流浪汉刚从一个地方帮人收完棉花，正准备流浪到下一个地方帮人收葡萄。流浪汉非常惊奇，他不相信埃内斯托跑了那么远的路却什么都不干。

流浪汉的话让埃内斯托在一路上不断地审视自己，他写下了自己的第一篇旅行日记："我都看到些什么？至少，我和其他旅行者不一样，我不用跟其他旅行者同样的方式吸收营养。祖国祭坛、大教堂、布道者的墓穴、革命议事厅、省博物馆，这些地方是不能认识一个国家的，更不能认识生活的某种方式、解释我们的生活。那些都是豪华的外表，而它的灵魂却反映在医院的病人身上、警察局的收容者脸上，或者在那些在格兰德河河水上涨、暗流湍急时心急如焚的偷渡者身上。"

这次旅行结束以后，埃内斯托觉得自己安装的发动机很不错。于是，他提笔给"米克龙"牌发动机厂写了一封感谢信。信的署名与从前不一样了，他省去了"德拉"这两个象征贵族姓氏的字，仅仅署上"埃内斯托·格瓦拉·塞尔纳"。从那一刻起,所谓西方文明的表面形式已经被埃内斯托摒弃,他希望自己开始一种全新的生活。

正是处于这种精神状态之下,爱情,在埃内斯托的生活中不期而至,他第一次坠入爱河。爱神的名字叫玛利亚·德尔卡门·奇奇娜·费雷拉,一个比他小6岁的女孩子。

奇奇娜是科尔多瓦首富费雷拉家族的掌上明珠,也是家族的继承人。女孩长相出众,黑色头发,皮肤白皙透明,嘴唇饱满,聪明热情,没有半点矫揉造作,正处于追梦的年龄。

1950年10月,在科尔多瓦的一场婚礼上,正在下楼的埃内斯托,忽然感到眼前有一道闪电划过。"那是一双绿色的眼睛,放射出不可思议的光芒,向我宣告着,我沉溺其中的危险。"埃内斯托就这样在心里胡思乱想着。

奇奇娜也突然感受到一阵猛烈的冲击。不过,她很快认出,眼前这个不修边幅的小伙子就是以前经常见到的埃内斯托·格瓦拉。

埃内斯托也很快反应过来,他没有想到,昔日的小女孩如今出落得如此光彩照人。含苞待放的女子在这时候具有天生的魔力。很快,埃内斯托就把朋友们扔在一旁,相互吸引的两个人找了一个安静的地方。非常奇怪,

他们都没有说起其他人,一个中学生和一个大学生谈的全是最近自己读过的书。一谈就没完没了,几乎谈论了整个晚上。

后来的几个月,埃内斯托不断地写信给奇奇娜,不厌其烦、毫不吝啬地表达自己对奇奇娜的赞美和喜欢。在向奇奇娜表白自己的爱慕之情而且没有遭到拒绝之后,埃内斯托更加大胆,他经常从布宜诺斯艾利斯跑到科尔多瓦,成了费雷拉家里的常客。不管别人是否欢迎,他总是想方设法地与费雷拉家里的一大帮朋友混在一起。

恋爱中人,时间过得像飞一样,转眼就到了1951年10月。

这时,爱情出现了危机。奇奇娜17岁了,她的家人坚决反对她和埃内斯托在一起。不说两个家庭巨大的社会地位差别,也不说埃内斯托还只是一个不名一文的大学生,仅仅是埃内斯托混乱不堪的穿着和与众不同的奇谈怪论,就让奇奇娜一家人受不了。

埃内斯托心情烦躁,趁着10月17日的假期,他去看望老朋友阿尔贝托·格拉纳多。既想散散心,也想再看看那里的麻风病人,当然,他还想从老朋友那里获得一些建议。

坐在阿尔贝托的葡萄架下,喝着马黛茶,一面莫名其妙地感叹人生,一面摆弄着脚下的"大力神"摩托车。突然,阿尔贝托大声说:"你上次一个人骑着自行车在国内走了一圈,我们为什么不一起去国外走走?"

"国外,怎么去?"

"就骑着这辆摩托车啊,老弟。"

事情就这样定了。阿尔贝托蓄谋已久的长途旅行终于有了一个合适的旅伴,埃内斯托呢,猛然觉得世界上还有很多重要的事情,而且,自由和爱情似乎不可兼得。用了两个月时间,他们办好了出国旅行必须办理的各种签证、证书、档案,确定了旅游线路。

埃内斯托向母亲承诺,旅行完毕后,一定回国完成自己的学业。

1952年1月,埃内斯托和阿尔贝托从科尔多瓦起程。埃内斯托提出,奇奇娜在米拉马尔,他计划到那里向奇奇娜告别。阿尔贝托没有反对,不过,埃内斯托在日记中写道:"阿尔贝托意识到了危险,尽管他从来没有抬高嗓门,但是他已经开始暗自想象自己一个人孤独地走上美洲之旅。"

埃内斯托买了一条小狗,取名"回来"。他想,如果奇奇娜接受了这条小狗,说明两人的关系还有转机。奇奇娜把那只名叫"回来"的小狗放在身边,但什么也没有说。在米拉马尔的大海边上,他们一待就是八天。

终于到了分手的时候了,埃内斯托希望奇奇娜能够把手镯留给自己:"奇奇娜,那只手镯,我能带上它吗?它会为我指路,还会让我时常想起你。"

奇奇娜想了想,她给了埃内斯托15美元,希望埃内斯托在到达美国以后给她买一条围巾。

再次上路,他们一路南行经内科切阿到达

布兰卡港。经过梅达诺斯沙地时,炎炎烈日下,摩托车在沙地上来回跳动,两人使出浑身解数跟沙子作斗争,累得疲惫不堪。晚上,埃内斯托睁着双眼难以入眠,他又打开自己的笔记本,这样形容自己的心情:"眼中浮现的是两个绿色的斑点,一个是已经被我远远甩在身后的世界,一个则是我所追求的所谓解放。"

事实上,在穿过大湖区进入智利前,埃内斯托收到了奇奇娜的分手信。他又在日记中写道:"我读了两遍这封让人难以置信的信。一阵强烈的不安向我袭来,我觉得我无法感知任何东西。我开始害怕自己,想写一封催人泪下的信给她,但是写不出来。我仍然深信自己一直深爱着她,直到此时此刻,我突然意识到什么感觉都消失了。我不得不用我的意志把她召唤回来。我应该为她战斗,她是我的,她是属于我的,我的……我睡着了。"

接下来,他们进入智利。这时候,他们的钱已经用光了,开始流浪者的生活。自然而然的,流浪的生活分成了两段:有"大力神"摩托车的日子和没有"大力神"摩托车的日子。摩托车是在到达智利圣地亚哥之前彻底断气的,最终躺在圣地亚哥奥斯丁修车行里。

在到达圣地亚哥之前,两个阿根廷小伙子既有着白人的身份,又有着麻风病医生的经历,两人极尽吹嘘的能事,过着风风光光的旅行生活。

在瓦尔迪维亚港,他们接受当地报社的采访,将他们的旅行作为瓦尔迪维亚建港 400 周年的献礼。

在特木科，由于当地没有麻风病人，他们便以美洲麻风病专家自居，当地报纸在显著位置刊登了这样的文章，标题就是《两名阿根廷麻风病专家驾驶摩托车环游拉丁美洲》。

借着麻风病专家的名头，两人风光无限，处处都有人招待吃住，遇上困难总是有人伸出援手。

这段时间，埃内斯托处处充满幽默情怀，轻松自如，没有半点沉重，大胆诙谐。

他在日记中记录下自己第一次驾驶汽车的情形："小镇中有人想找个人把一辆大篷车开到奥索尔诺，问我能不能给他当司机。阿尔贝托给我开了个速成换挡班，随后我就严肃地披挂上阵了。颇具戏剧性的是，阿尔贝托骑着摩托车在前面开路，我则一颠一簸地开着车跟在后面。每个弯道都是折磨：刹车，踩离合器，一，二，救命，妈妈呀……路沿着美丽的乡村蜿蜒盘旋，可惜我根本无暇欣赏美景。然而，最后却是一头小猪坏了事。我踩刹车和离合器的动作还不太熟练，当时我们正在飞速下坡，小猪突然跑到车前，就让我们给撞上了。"

他带着愉快的心情书写自己的糗事："由于有了媒体的宣传，他们收留了我们，而且待我们实在不薄。那天夜里，我的肚子闹得实在厉害，我又不好意思把'纪念品'留在床铺底下，只好爬出了窗台，把所有的痛苦都抛向了无尽的黑夜和无边的黑暗。第二天早上，我探出头想看看情形，没想到，两米以下的地方居然是一大片白铁皮，主人就在白铁皮上晒桃子，而我增加的'景观'显得格外醒目！我们赶紧连滚带爬地逃走了。"

　　从1952年3月到7月,也就是从智利的圣地亚哥到丘基卡马塔、库斯科、马丘比丘,一直到秘鲁的利马、伊基托斯,再到哥伦比亚的波哥大、库库塔,乃至委内瑞拉的加拉加斯的日子,埃内斯托和阿尔贝托从"流浪贵族"变成了两个普普通通的、四处搭便车、想方设法弄食物、背着行李、满身尘土的旅行者。今不如昔的感觉充斥着两个年轻人的头脑,但是,正因为这样,他们的旅行才有了更深刻的意义,他们终于有机会更为深入地接触到社会的最底层,真切地感受到白色人种和美洲土著居民的巨大差异。

　　离开圣地亚哥,埃内斯托和阿尔贝托拉着两张苦瓜脸,死皮赖脸地缠着卡车司机把他们送到了瓦尔帕莱索港。

　　在那里,埃内斯托巧遇自己的阿根廷老乡。由于把自己当成过敏症博士,他被酒吧老板叫去给一个上了年纪的女仆看病。

　　在走进房间的那一刻,他惊呆了:浓烈的汗臭和脚臭混合而成的辛辣气味充斥着整个房间,扶手椅上散落的灰尘更是弥漫其中,房间里唯一的奢侈品就是那几把扶手椅。老太太患有哮喘病,还有心脏病,家人似乎已经抛弃她了。贫困的无情让埃内斯托觉得自己完全无能为力,他以为唯一的希望只能

是社会变革。他给老人开了一份食谱,把自己的一些药物留给了老太太。然后,带着老太太的感激之情和她的亲戚们冷漠的眼神离开了。

离开老太太后,埃内斯托反复思索,他在日记中感慨:"正是在那里,在那最后的时刻,在那些最远只能看到明天的人身上,我明白了全世界穷苦人生命中的极大悲剧。在那些绝望的眼睛里,总有着顺从的歉意,绝望地乞求着业已消失的慰藉。同样,他们的身体也将消失于笼罩在我们四周的那种无穷无尽的谜团之中。这种建立在荒唐的等级制度之上的东西还会持续多久?我没办法回答。但是,对于统治者来说,他们真应该少花些时间自吹自擂了,而应该多花些钱用于改善对社会有用的事业。"

接下来的行程更加艰辛,他们本想偷偷登上一艘轮船,结果,被无情地赶下来。于是,埃内斯托决定不坐船了,去看看世界上最大的露天矿——丘基卡马塔铜矿。

在去铜矿的路上,在寸草不生的沙漠山区等待过路车辆的时候,他们遇到了一对夫妇。

夜幕降临,他们和这对夫妇聊了起来。原来,这对夫妇中,男人是矿工,因为参加罢工被抓进监狱,刚刚释放出来。矿工告诉他们:"我还算幸运的,其他人抓进去之后就没有出来,估计被杀了。"

矿工热情地邀请他们吃饭:"来吧,同志!我们一起吃饭!我也是一个四海为家的浪子。"

他们一起喝着马黛茶,嚼着一片奶酪面包。闲谈中,埃内斯托得知：这位矿工是智利共产党党员，但政府已经宣布共产党为非法，他根本找不到工作，所以，只好到深山里的硫黄矿打工。那里的条件极为恶劣，但没有人会关心他们是否是共产党员。

晚上，沙漠里越来越冷，矿工夫妇连御寒的薄毯子都没有，冻得直打哆嗦，身体僵直，互相拥抱着对方，借以取暖。埃内斯托看在眼里，难受在心里，他们把自己的毛毯分了一条给矿工夫妇，然后他和阿尔贝托拼命缩在剩下的那条毛毯里。

后来，埃内斯托说："这是我生命中最寒冷的夜晚之一。但同样是在这个时刻，我对这个至少对我来说全然陌生的人群产生了手足之情。"

这种心情之下参观丘基卡马塔铜矿，埃内斯托觉得整个矿区就像泰山压顶一样，让人喘不过气来。山上光秃秃的，灰色的山脊裸露在外。他在日记中悲凉地描述："群山环绕着著名的丘基卡马塔，这些山脉中蕴藏着极其丰富的宝藏，等待着挖掘机伸出无情的手臂吞噬它的内脏，同时不可避免地把人类的生命——那些穷苦的无名英雄的生命——当做佐料。大自然为了捍卫自身宝藏设下了上千个陷阱，这些英雄仅仅想谋个生计，却悲惨地葬身于某个陷阱之中。"

他知道，在这里，无数矿工死于矿井塌方、死于矽肺、死于恶劣的气候条件，却根本无人收尸。

他思考着：智利的铜产量占全世界的百分之二十，而且还有铁、煤、锡、金、银等各种矿产资源；农业面积也足以达到自给自足,因此,"摆在智利面前的首要任务,就是摆脱身后那个指手画脚的美国佬。但是,从目前来看,这个任务实在艰巨,因为美国在智利有巨额投资,一旦利益受到威胁,美国人很容易就能动用其经济霸权,耀武扬威。"

离开丘基卡马塔,两人跨过边境线来到秘鲁。

此时的秘鲁已经被殖民者征服了数百年,处处都有征服者的痕迹,欧洲人和印第安人在这里的区别就像天堂和人间一样。

作为两名阿根廷医生,埃内斯托和阿尔贝托在秘鲁得到了极好的待遇,遍布秘鲁全国的国民警卫队给他们的旅行提供了很多免费吃住的场所。国民警卫队的人始终不相信:"什么?两名阿根廷医生因为缺钱而找不到睡觉的地方?这不可能!"于是,总有这里或者那里的警卫队队员帮助他们解决各种困难。白人,在这里,甚至被叫做"白人陛下"。

但是,每当与印第安人在一起,埃内斯托就会感到巨大的哀痛。他发现,所谓当地的土著人,他们的眼神看上去温顺甚至到了恐惧的程度,完全不关心外面的世界。他怀疑,很多人之所以活着,只是因为这是他们无法摆脱的习惯。

走在路上,埃内斯托穿着长筒靴和羊毛袜还觉得脚趾头冻僵了;印第安人呢?长满老茧的赤脚走在冰冷的雪地上就像没有感觉似的。

坐在拥挤的卡车上,印第安人穿着脏雨披,身上长着虱子,散发着臭味。下雨了,他们就这样被雨水淋着。因为埃内斯托是白人,这种时候,卡车司机一定会叫上一声"阿根廷

　　22岁的格瓦拉开始了第一次长途旅行。他在自行车上安装了一台"米克龙"牌发动机，将自行车改装成电动车。出发前，他拍了一张照片。照片上，他双手紧握自行车龙头，双脚踩在地面上，抬头正视前方。他的穿着打扮像一名远征的战士：头戴遮阳帽，一副墨镜架在鼻梁上，身穿夹克，一条备用轮胎斜跨在肩上，神情坚毅。

名家名言

你们应当永远对这个世界上任何地方发生的非正义事情产生强烈的反感,那是一个革命者最宝贵的品质。

名家名言

让我们面对现实,让我们忠于理想。

医生"，于是，他和阿尔贝托就可以坐到舒服的驾驶室里。

与受过教育的印第安人聊天，埃内斯托明白了一点：白人世界对他们充满敌意，而且拒绝接纳他们，而这个世界又是白人的，所以，印第安人只能处于极端的劣势。如果一个印第安人受过教育，那么，他最多可以在政府里找到一个身份低微的职位，终身郁郁寡欢。

埃内斯托感到不可思议的是：很多印第安人"到死都盼望着子孙们的血管里能流淌着一滴殖民者的血，盼望着这一滴血有着神奇的力量，能够帮助他们的子孙后代实现自己一辈子都没有实现过的愿望"。

在库斯科，在马丘比丘，埃内斯托痛苦地发现，处处都有那些骄傲的征服者留下的所谓教训和惩罚：城市和堡垒都曾经被洗劫一空，神庙被夷为平地，原来的墙砖被用来修建体现新信仰的教堂，原来的太阳神庙上建起了圣多明戈教堂；印第安人引以为豪的过去正在一点一点地消失，连愤怒的呐喊声都已经听不见了。

在秘鲁的"总督之城"利马，美丽但社会等级分明的城市让埃内斯托相信，"秘鲁还没有脱离殖民时期的封建状态：它仍在等待着真正的革命之血"。

此后，埃内斯托和阿尔贝托在秘鲁麻风病专家的帮助下，开始了他们的麻风病院巡视之旅。

他们穿过安第斯山脉，经过伊基托斯，来到了秘鲁和哥伦比亚交界处的圣帕布罗麻风病院。这座麻风村有600名病人，埃内斯托和阿尔贝托给这里的所有人留下了深刻而又良好的印象:他们和麻风病人握手从来不戴手套,把所有人当成普通人看待,一起聊天,一起踢足球。这里的麻风病人都成了二人的好朋友。

1952年6月14日,埃内斯托24岁了,麻风病院的人为他举办了一次生日聚会。所有人都非常高兴,大家尽情地喝酒、欢笑。酒酣耳热之际,埃内斯托站起身来,发表了一场热情洋溢的演讲:

"我想代表我的旅伴,向麻风村的所有人说声谢谢。你们和我们素不相识,却给了我们高尚的友谊,庆祝我的生日就像庆祝你们自己的生日一样……我想说些与今晚的主题无关的话。虽然我们身份低微,无法成为某项伟大事业的代言人。但是,经过这次旅行,我们坚信,拉丁美洲分化成了虚幻的、不确定的多个国家,这完全是假象。从墨西哥一直到麦哲伦海峡,我们同根同源,有着明显的人种相似性。所以,为了消除我狭隘的地方主义观念,我提议,为秘鲁,为拉丁美洲国家的团结,干杯!"

离开麻风村,埃内斯托和阿尔贝托对这里恋恋不舍。麻风病人为他们扎了一个木筏,为他们唱送行曲。埃内斯托在日记里写道:"一个盲人唱了很多当地民歌。伴奏的人有吹笛子的,有弹吉他的,以及一个几乎没有手指的手风琴演奏者(他在手腕上绑了几根木棍儿代替手指)。另外还有一个'健全'

人客串,他不时吹吹萨克斯,弹弹吉他,敲敲打击乐器。这以后便是演讲。四个病人尽了他们最大的努力,虽然还是有点怯场。其中一个人还紧张得中途忘词,无法继续,直到后来出于绝望他才大喊:'为我们的两位医生欢呼三声!'"

余下的行程不用多说了,他们经过哥伦比亚,到了委内瑞拉的首都加拉加斯。随后,二人分手了,阿尔贝托在加拉加斯的麻风病院找到了一份工作。两个好朋友约定,等埃内斯托回国拿到医生证以后,在加拉加斯再次相聚。

通过一位远方亲戚的帮忙,埃内斯托搞到了一张远程机票,路线是布宜诺斯艾利斯——加拉加斯——迈阿密——布宜诺斯艾利斯。因而,埃内斯托又在美国迈阿密逗留了一段时间,并在那里用奇奇娜给的 15 美元为奇奇娜挑选了一条围巾。

1952 年 8 月 31 日,埃内斯托乘坐飞机回到了布宜诺斯艾利斯。

旅行终于结束了。但是,对于埃内斯托来说,生活才刚刚开始。

他根据旅行日记写了一本名叫《拉丁美洲游记》的书。

在书的开头部分,他告诉人们:"一踏上阿根廷的土地,写下这些文字的那个人就死了。我,编辑和润色这些文字的人,已经不是我了。至少,我不是从前的那个我了。"

在书的末尾,有一段文字,名为"页边上的笔记"。这段文字带着一定的预言和暗示。文中,埃内斯托透过一位虚构的人物,这样写道:"未来属于人民。无论历经漫长岁月,抑或瞬息之间,有朝一日,我们国家以及世界上任何一个国家的人民,终将夺取政权。"至于埃内斯托自己,他说,"当伟大的指导思想将人类分为两个对立的阵营时,我将和人民走到一起。"而且,"我将拿起血染的武器,义愤填膺,把落入手中的敌人全部消灭。我还看见,精疲力竭扼杀了最初的欢喜,我看见自己在这场将个人意志消磨殆尽的、真正的革命中牺牲,最终大声宣告一切都是我咎由自取。"

① 埃内斯托曾说:"这对烂肺总算派上了用处",这句话是什么意思?
② "我的肚子闹得实在厉害,我又不好意思把'纪念品'留在床铺底下,只好爬出了窗台",这里的"纪念品"指什么?

第四章 "一位美洲士兵从此出征了"

1953年7月7日,阿根廷首都布宜诺斯艾利斯,受南极洲气流影响,气温下降得极快,人们纷纷穿上了棉衣,戴上了围脖。

在贝尔格拉诺火车站,一辆开往邻国玻利维亚的火车即将出发。

火车二等车厢的某个窗口旁,埃内斯托·格瓦拉·德拉塞尔纳和卡洛斯·卡利卡·费雷尔端坐着。卡利卡在东张西望,眼神里满是兴奋,在焦急地期待着火车赶紧启动。为了和埃内斯托一道出国旅行,这个医学院的学生办理了退学手续,想象着来一次全球浪漫之旅。可惜,旅行的费用确实有限,在伸手向身边的所有人借钱之后,两个人的总路费也只有区区数百美元。

埃内斯托似乎总在想着自己的心事儿,神情有些木讷,车窗外的喊叫声没有过多地吸引他。

事实上，就在车窗外的站台上，一大群人围在那里，既有亲戚朋友，更有埃内斯托最可爱的弟弟妹妹和最敬爱的母亲。

母亲站着一言不发，一位年轻女子搀着她的手臂。年轻女子是埃内斯托的弟弟罗伯托的未婚妻。突然，母亲好像意识到什么，一下子抓住年轻女子的手，喃喃自语："我永远失去他了，我的儿子走了，我再也看不到我的儿子埃内斯托了。"

火车缓缓启动，母亲猛然回过神来，一个人从人群中跑了出来，沿着站台，挥着一条手帕，跑啊，跑啊……

隐隐约约的，一个声音从火车里传过来。"一个美洲士兵从此出征了。"那是埃内斯托的声音，他对着车窗大声喊。不过，火车已经驶离站台，听到的人总有些似信非信。

25岁的埃内斯托从此永远离开了自己的祖国！他在离开之前，实现了对母亲的承诺：取得布宜诺斯艾利斯大学医学博士学位。

没有人想到埃内斯托会在这种时候离开祖国，因为，在已经过去的近一年时间里，埃内斯托的一言一行都显得中规中矩，而且，那真是一个多么勤奋的学生啊。

从1952年10月到1953年4月，埃内斯托需要通过15门学科的考试。每一天，埃内斯托复习课本和学习笔记的时间超过十四个小时。他总是躲在父亲的工作室或者亲戚家中，全力以赴地备考。最好的大学同学蒂塔尽最大的努力帮助他，为他准备各种测试题，寻找复习资料，共同讨论。忙于学习的埃内斯托让身边的所有人都相信，取得博士学位以后，埃内斯托一定会成为一名优秀的医生或者医学专家。

为了通过考试，埃内斯托全然不顾自己的身体。在第二门考试进行前，埃内斯托在做实验时被感染了。病情非常严重，发着高烧，只能卧床休息，医护人员一直守候在他身边。几天后的清晨六点，埃内斯托起床了，穿上衣服就想出门。家里人都急了，但没人能够拦住他。他说，他必须参加当天上午八点的考试，只要没有倒下，他就没有理由不坚持参加。他可不愿意有任何一门功课拖到来年再考。

就这样，1952年10月，埃内斯托通过了一门学科的考试；11月，通过了三门学科；12月则是十门；1953年4月通过了最后一门。

在等待拿到博士学位的这段时间里，埃内斯托尽可能用自己的全部时间和皮萨尼医生一起从事研究工作，全心全意地为过敏症患者服务，帮助过敏症患者隔绝过敏源，全副身心都投入到皮萨尼医生进行的医学试验中。在皮萨尼医生发表医学研究成果时，署名上出现了埃内斯托的名字。

就在埃内斯托潜心研究过敏症的时候，按照阿根廷国家兵役制规定，他过了缓征期，必须到征兵委员会报到。不管是出于对贝隆政府的失望，还是出于对未来的期盼，埃内斯托都不愿意服兵役。在体检的头一天，他用冰冷的水洗淋浴，想尽办法引起哮喘病发作。结果，体检的人宣布，埃内斯托身体不合格。

1953年6月12日，埃内斯托拿到了博士学位。14日，家人和朋友为他庆祝25岁生日。

就在一家人兴高采烈地祝贺他取得博士学位并祝福他生日快乐时，埃内斯托宣布："我将离开阿根廷，我要去委内瑞拉和阿尔贝托会合，我的工作对象将是麻风病人。我希望你们为此而祝福我！"同时，他宣布，在正式工作以前，他将和小时候的伙伴卡利卡一起出国旅行一段时间。

一家人沉默了。父亲找来皮萨尼医生。皮萨尼医生苦口婆心地劝说埃内斯托，他希望埃内斯托能够留在自己的诊所里，同他一起继续进行研究工作，而且，工作的报酬高于普通的过敏症研究人员。可惜，心意已决的埃内斯托只是委婉地说了一通感谢的话。

1953年7月11日，埃内斯托和卡利卡终于来到玻利维亚首都拉巴斯。

拉巴斯海拔3600米，是世界上海拔最高的一个首都。整个城市坐落在天然形成的火山口，依山而建，城市的边缘就是火山口的边缘线。夜晚，这座山城分外迷人，各色人种在这里出没，酒吧里人声鼎沸，闹市区灯火辉煌。如果这时候站在伊利马尼高坡上俯瞰，人们就会发现城市的灯光重重叠叠的，就像高楼大厦一样，极为壮观。白天，在市区眺望伊利马尼山，人们又会发现：山上白雪皑皑，山腰林木葱葱，山麓田野青翠。

不过,美景似乎都是虚幻的。埃内斯托和卡利卡的热情很快就被消磨殆尽。

就在上一年,玻利维亚爆发了土著农民起义,革命民族主义运动取得了政权,整个国家笼罩在热火朝天的改革氛围之中。现在,看着民兵挎着冲锋枪在街头巡逻,矿工们则不时地上街游行,埃内斯托异常兴奋。本来,埃内斯托选择来到玻利维亚,就是因为他从内心里相信玻利维亚为美洲国家树立了榜样,它与自己的祖国不一样,这个国家似乎把人民武装起来了。

但是,就在埃内斯托和卡利卡去拜访农民事务部部长准备在玻利维亚获取一份工作的时候,两个人惊呆了。

在农民事务部办事大厅,一群等候分配土地的农民,也就是土著人,守候在那里,一身脏兮兮的。这一点,埃内斯托并不感到惊奇,在上一次旅行中,他已经习惯于和土著人待在一起。令人惊讶的是,一位政府官员走来走去的,正在用滴滴涕给土著人消毒,目的是消除农民身上的虱子,以免这些虱子跳到部长身上。

埃内斯托愤怒了。他认为,这是在侮辱土著人,而且,这也不解决任何根本问题,虱子只是短暂地消失而已。

见到部长时,埃内斯托已经忘了找工作的事情,他责问:"为什么要往人身上喷洒滴滴涕?人就是人,不管他是否穷困,是否脏乱,你们为什么要这么做?"

部长平静地说:"这些印第安人啊,他们还没有学会使用肥皂。你还不知道，他们习惯于随处大小便。小孩子拉屎了，当母亲的可以直接用自己的衣服给孩子擦屁股，然后就跟没事儿一样，继续干活儿甚至吃饭。"

埃内斯托对玻利维亚失望了。在日记里，埃内斯托不断地思考："如果不能让土著人摆脱精神隔绝状态，如果不能触动他们心灵的最深处，彻头彻尾地感动他们，把人的地位还给他们，那么，这场革命就会失败。如果办不到这些，革命又是为了什么呢？"

晚上，在酒吧里喝酒，埃内斯托遇到了一群阿根廷人。这些人，由于贝隆政府的统治，陆陆续续逃难来到这里。其中，律师卡尔多·罗乔和埃内斯托相见甚欢，他建议埃内斯托去危地马拉看看，也许，在那里可以找到某些让人心有所属的东西。埃内斯托不置可否，他计划着，要离开拉巴斯去伊利马尼山后面的钨矿看看。

凭着医学博士的身份，在当地医疗中心医生的帮助下，不久，埃内斯托和卡利卡穿着靴子、头上戴着彩色塑料头盔、脸上遮着面具，就像矿工一样，出现在矿山上。与智利丘基卡马塔铜矿看到的一样，没日没夜劳作的矿工只能勉强填饱自己的肚子，几乎所有矿工的身体都被恶劣的生存条件糟蹋了。一开始，埃内斯托还感到奇怪：怎么矿工都是一帮五六十岁的老头子？询问后才知道，在这里，矿工们的平均年龄不到三十五岁！埃内斯托还看到，就在矿工们居住的茅草屋后面的山坡上，钨矿管理当局架设着机枪，那是专门用来镇压反抗的矿工的。

尽管玻利维亚已经把矿山收归国有，埃内斯托依然悲哀地想到：如果美国始终控制着矿石的出口，玻利维亚就不可能实现真正的独立。但是，玻利维亚当局为了防止和美国对抗，已经同美国签订了协议。协议也许部分地保护了玻利维亚的改革成果，却让埃内斯托觉得就像吃了一只苍蝇。

就像一粒兰花种子，埃内斯托来到玻利维亚，原本以为可以找到落地生根的地方。现在，一切都让埃内斯托忍不住对自己说，"离开这里吧"。尽管自己也不知道该走向何处，但旅行本身毕竟就是一件吸引人的事情。

埃内斯托对印第安文化的热衷和对土著居民的同情，使他决定，暂时不随同卡尔多·罗乔去危地马拉。在去危地马拉之前，他要再次到库斯科看看，到马丘比丘走走。

卡利卡当然没有反对意见，而且，阿尔贝托也决定到库斯科与他们见面。

这一次，在找寻印第安人失落的世界时，埃内斯托惊叹不已。他发现，库斯科和马丘比丘的一切都是令人伤心的，无数的古代珍宝都早已被洗劫一空，美洲印第安人的历史已经被人为地夺走了。他愤怒地在文章里申诉："人们可以到哪里瞻仰或者研究这座印加城市的珍宝呢？答案很明显：在美国的博物馆里。"

老朋友相见是一件愉快的事情，但卡利卡总在抱怨着库斯科街上难闻的牛马粪便的气息，总在心疼自己弄脏了的鞋子。于是，很快，几位好朋友分道扬镳了：阿尔贝托回委内瑞拉去了，不久，卡利卡也去了委内瑞拉；埃内斯托呢，他和一位新近结识的朋友一道,决定去危地马拉。

一路上,口袋里没有钱,又不知道自己今后到底会走向何方,心情郁闷,埃内斯托的哮喘病不时地发作。与其说是旅行,不如说是流浪,路上看到的每一幕都让埃内斯托对将来有了更深的认识。在经过一片美国联合果品公司的管辖区时,埃内斯托确信,资本主义跨国公司是多么可怕,资本家是多么可恨,他们占有着茂盛的土地,而曾经的土地拥有者要么只能在资本家的土地上卖命地工作,要么就只能四处流浪。

在写给舅妈的信中,埃内斯托说:"我在一幅年迈的、人们哀悼的斯大林同志像前宣誓,在看见这些资本主义跨国公司消失前,我绝不停歇。在危地马拉,我将完善自我,获得成为一名真正的革命战士所需要的养分。"这封信的署名是"你的侄子,铁打钢铸般健康而又饥肠辘辘的、对社会主义未来满怀信心的侄子拥抱你!再见,猪猡敬上"。

1953年12月23日,埃内斯托到达危地马拉首都危地马拉市。

在危地马拉,埃内斯托痛恨的资本主义跨国公司——美国联合果品公司——的产业,已经被哈科沃·阿本斯政府依据土地改革法令收归国有,土地则分给了农民。哈科沃·阿本斯总统为什么要这样做?因为,在此之前,危地马拉百分之二点二的人口拥有着百分之七十以上的土地。但是,土地改革法触犯了美国势力和国内保守派的利益,此时的危地马拉处于战争的边缘。美国中央情报局启动了一项代号为"胜利行动"的计划,阴谋推翻阿本斯政府。危地马拉前陆军上校卡斯蒂洛·阿马斯被美国中央情报局选中,在尼加拉瓜组织了一股叛乱军队,正在接受武装训练。

不过,埃内斯托顾不了这么多,他口袋里没有一分钱,他的第一任务是要生存下去。因而,他开始四处找工作。

为了糊口,埃内斯托当过搬运工,干过油漆工,贩卖过耶稣像,在大街上拉客拍照。他本来想当医生的,而且,危地马拉的病人太多而医生又特别少,但是,除非他回到医学院再学习一年,而且要自愿加入危地马拉的党组织,否则,他的阿根廷医学学位在危地马拉根本不会得到承认。从自己的医学专业出发,埃内斯托最多也就是到各种实验室里帮帮忙,而且,多数实验室都是没有薪水的。

就在埃内斯托为了生存而苦苦挣扎的同时,卡尔多·罗乔也在想方设法帮助他。罗乔介绍了很多朋友给埃内斯托,希望埃内斯托从中寻找工作的机会。

伊尔达·加德亚就在这种情况下进入到埃内斯托的生活中的。

伊尔达·加德亚,秘鲁人,美洲人民革命联盟成员,流亡到危地马拉后供职于阿本斯政府。伊尔达比埃内斯托大三岁,她身材娇小,胖乎乎的,长相与标准的印第安人一样。

一开始,伊尔达觉得埃内斯托这个阿根廷年轻人有些自以为是,说话做事不太顾及其他人的颜面,总是以自我为中心。在罗乔把她介绍给埃内斯托时,她对埃内斯托印象不好;埃内斯托呢,几乎没有更多地注意到看上去普普通通的伊尔达,他只想着找工作,见到任何人都会问:"你能不能给我寻找一份工作啊。"

罗乔离开危地马拉时,委托伊尔达常常去看望一下埃内斯托。

这一天,伊尔达敲开埃内斯托的房门,她被埃内斯托吓呆了:埃内斯托正在忍受哮喘病的折磨,上气不接下气地躺在床上,又冷又饿,浑身发抖。看着伊尔达的样子,埃内斯托忍不住笑了笑:"你别怕,我这种样子已经二十多年了。"过了一会儿,埃内斯托告诉伊尔达,自己有哮喘病史。他说:"你信不信?我 10 岁的时候就可以自己给自己注射肾上腺素了。"

从那一刻起,也不知道是钦佩埃内斯托与疾病战斗的意志力,还是出于一个女性特有的关爱,伊尔达决定照顾埃内斯托。她替埃内斯托找到更适合的住处,关心他的病情,帮他物色工作,埃内斯托困难的时候她总是及时地出现在身边。

从此,埃内斯托在危地马拉过上了一段稳定的生活。不仅如此,伊尔达利用自己的特殊身份和社会圈子,越来越多地影响到埃内斯托的思想和行动。

两个人都非常关心当前的局势,关注美洲人的命运。虽然总会发生各种各样的争论,但就是在这些争论中,埃内斯托越发对革命充满信心,越来越对社会主义满怀期望。

伊尔达给了埃内斯托一本毛泽东写的书,埃内斯托连夜把它读完,对毛泽东领导下的中国革命产生了由衷的钦佩。他以为,中国人的状况更加接近印第安人和美洲农民的现状,美洲广大的农村和山区同样是战斗的热土、胜利的希望。受中国革命的影响,他甚至在写给父母的信中说,"我在等待我的朋友毛泽东的召唤"。

在伊尔达的推荐下,埃内斯托越来越多地接触危地马拉共产党的成员,参加了由民主青年联盟领导的组织。同时,对各国流亡到危地马拉的人员有了更深入的了解。

在伊尔达介绍的一处地方,埃内斯托第一次接触到一群古巴人。这些古巴人热情奔放,不拘礼节,绝对平静地谈论他们经历的一幕幕战斗场景。同古巴人在一起,埃内斯托觉得自己对周遭事物的怀疑在无形中渐渐消失,取而代之的是某种激情在渐渐滋长。

交往的次数起初并不是很多,但是,埃内斯托觉得古巴人安东尼奥·尼科·洛佩兹已经和他成为肝胆相照的朋友。正是通过尼科,埃内斯托了解到这群古巴人不同寻常的抱负。

一年前,1953 年 7 月 26 日,为了推翻古巴巴蒂斯塔独裁统治,这群古巴人在青年领袖菲德尔·卡斯特罗的带领下,尽管队伍只有 153 人,却敢于大胆地进攻蒙卡达兵营。虽然行动失败了,数十人被杀害,菲德尔·卡斯特罗也被捕入狱,侥幸逃脱的起义者被迫流亡国外。但是,起义造成的影响却十分巨大,尤其是在法院审判菲德尔·卡斯特罗的过程中,菲德尔全面指出国家的弊端,揭露巴蒂斯塔独裁政府对起义者的迫害,提出了一系列改革主张。由此,古巴革命的第一份纲领性文件——《历史将宣判我无罪》——正式形成。随后,通过各种渠道,这份文件广泛传播。

尼科告诉埃内斯托："我们在等待合适的时机,到时候,在菲德尔的领导下,我们一定能够重回古巴,一定能够最终推翻巴蒂斯塔的统治。"

埃内斯托经常用"切"表示"你好",尼科便常常称呼埃内斯托为"切",或者对旁人介绍埃内斯托是那个"说切的阿根廷佬"。渐渐地,古巴人都不叫埃内斯托本来的名字,转而亲切地叫他"切"。

由于埃内斯托对古巴革命钦佩不已,而且总是想象着未来的某一天能够见到他们的领袖,因此,对于"切"这样一个绰号,他不仅没有半点意见,反而觉得异常亲切。作为医生,埃内斯托经常给古巴人看病,古巴人也都渐渐地把埃内斯托当做自己的朋友。

现在,受古巴人的影响,埃内斯托越来越多地关注古巴革命。不过,对埃内斯托来说,眼前的这场革命显得更为重要。针对国内国外的反动潮流,阿本斯总统始终没有采取果断措施。危地马拉内部在面对外部威胁过程中开始出现分歧,内外交困之下,危地马拉的局势越来越紧张。

面对危险局势,埃内斯托对前景充满信心,他告诉伊尔达:如果告诉人民真相,发给人民武器,革命依然能够成功;而且,假如首都陷落了,依然可以继续斗争,因为,危地马拉还有适宜斗争的山区。他觉得,只要美国不直接干涉,只要把人民发动起来,危地马拉是能够经受住考验的。

事实上,美国人忍不住了。1954年6月17日,在埃内斯托度过26岁生日后第三天,美国雇佣军开始轰炸危地马拉

在贝尔格拉诺火车站，一辆开往邻国玻利维亚的火车……缓缓启动，母亲猛然回过神来，一个人从人群中跑了出来，沿着站台，挥着一条手帕，跑啊，跑啊……一个声音从火车里传过来，"一个美洲士兵从此出征了。"那是格瓦拉的声音，他对着车窗大声喊。

名家名言

每个人一生中的决定性时刻,就是在他决定面对死亡的时刻。如果敢于面对死亡,那么,不管是不是成功了,他都是一个英雄。不能面对死亡,那他就永远只是一个口头政治家,甚至是懦夫。

名家名言

哪里有贫困,哪里就有我!

市。6月18日,在美国中央情报局的资助下,卡斯蒂洛·阿马斯带领着一股数百人的军队,从洪都拉斯进入危地马拉国土。

战火之下,埃内斯托异常兴奋,觉得自己像猴子一样快活。

在飞机还没有来的时候,看到大街上的人们四处逃散,埃内斯托觉得自己似乎刀枪不入。轰炸声、枪声,各种人群组织的演说、战争准备,这一切打乱了埃内斯托单调的生活。他报名参加紧急救援工作,还参加青年团接受军事训练。他告诉每一个人,危地马拉哪里有需要,他就准备去哪里。埃内斯托专门写文章呼吁:"现在已经到了枪对枪、刀对刀的时候了。要死,就要像革命者那样去死,决不能坐以待毙。"

晚上,埃内斯托把青年联盟的同志组织起来执勤,命令所有房间的灯光全部熄灭,避免把敌机吸引过来成为轰炸的目标。青年们受到埃内斯托的鼓励,纷纷做好了到前线去的准备。但是,尽管他们一次又一次地向政府请缨,却始终被拒绝,也没有人发给他们武器。

阿本斯政府本来还想把希望寄托在联合国安理会身上,盼望安理会能够出面干涉。结果,6月25日,安理会投票表决,美国以微弱优势获胜。这样,危地马拉就只能靠自己了。到了最后时刻,阿本斯总统决定把武器发给民众,政府的军队却又多方抵制。结果,在政府军队的压力之下,阿本斯总统被迫辞职,并与一帮盟友一道跑到墨西哥避难去了。

7月3日,美国大使和叛军首领卡斯蒂洛·阿马斯来到危地马拉城,新政权成立。紧接着,新上台的阿马斯政府成立"防御共产主义全国委员会",推出"预防共产主义刑事法",土地改革法被推翻,所有政党、工会乃至农民组织都被宣布为非法,政治迫害活动开始了。

伊尔达被捕入狱,埃内斯托申请到阿根廷大使馆避难。

局势一片混乱,战斗的激情之火刚刚点燃就遇到倾盆大雨,待在大使馆的埃内斯托觉得自己又到了该离开的时候了。可是,到哪里才能找到真正志同道合、敢于战斗的人呢?到哪里才能真正把自己的所思所想付诸实施呢?难道,真的就这样一直流浪下去?去中国和印度看看?还是先到欧洲走走?

就在战火和混乱中,在沦陷后的大屠杀中,埃内斯托看到,每个人都在想着如何救自己的命,有一群人却依然在坚持战斗,在坚守自己的信念,而且,他们是唯一在继续奋斗的人,同志情谊如此紧密,为了理想毫不顾及自己的安危。这就是危地马拉的共产党人!埃内斯托对他们充满敬佩,想尽一切办法帮助他们。在心底里,他隐隐觉得,哪里有共产党人战斗的地方,他就应该去哪里。他写信告诉母亲:"我相信他们值得尊重,我迟早会加入共产党。之所以现在不这么做,是因为我仍然想环游欧洲——共产党纪律严格,在其约束下,我是没办法环游欧洲的。"

几天后,伊尔达通过绝食和贿赂重新赢得了自由,准备离开危地马拉。此时,阿根廷政府也准备派出飞机把在大使馆避难的阿根廷人接回国内。寻找机会,埃内斯托把危地马拉的一些共产党人送到了阿根廷,并吩咐母亲要照顾好他们。

但是,埃内斯托自己却拒绝回国,他在思考自己人生的下一步该怎么走。

那群古巴人遵照菲德尔·卡斯特罗的指示去墨西哥了,阿本斯总统也去墨西哥了。墨西哥?对,就是墨西哥!那里聚集了无数政治流亡者,那里一定能够找到和我一样的人!一个念头在埃内斯托脑海里不断盘旋。

1954年9月,埃内斯托·格瓦拉·德拉塞尔纳,这位自称"美洲士兵"的阿根廷人再次出发。

下一站,墨西哥。

阅读思考

① "切·格瓦拉"的"切"并不是"格瓦拉"的原名,那么这个"切"是怎么得来的?

② 从1953年7月到1954年9月,格瓦拉都旅行了哪些地方?

第五章 "切！切！切！"

1955年7月初，一个寒冷的雨夜，墨西哥城恩帕兰街49号，玛丽亚·安东尼娅家，菲德尔·卡斯特罗和埃内斯托·格瓦拉相聚在一起。

对于这次相聚，多少年以后，菲德尔·卡斯特罗的妻子是这样评价的："菲德尔的古巴人激情与格瓦拉的革命思想，像一点星火的火焰与一道强光结合在一起。"

促成这次聚会的是菲德尔的弟弟劳尔·卡斯特罗。

1955年5月，在古巴成立"共产主义活动抑制局"的同时，巴蒂斯塔独裁政府竟然"仁慈"地在一次特赦中释放了菲德尔、劳尔兄弟和另外18名袭击蒙卡达兵营的成员。

出狱后一个月，6月12日，"七·二六运动"组织在古巴首都哈瓦那正式成立，菲德尔·卡斯特罗是主要领导人。按照菲德尔的指示，劳尔于当月24日飞抵墨西哥筹备推翻独裁统治的下一步武装行动。

也是在玛丽亚·安东尼娅家,通过尼科·洛佩兹的介绍,马克思主义者劳尔·卡斯特罗与埃内斯托·格瓦拉相见恨晚。

至于尼科和埃内斯托在墨西哥城的相见,那却是一件非常偶然的事情。埃内斯托来到墨西哥后,这个拿着阿根廷医学学位的流浪者,迫于生计,必须苦苦寻找工作。就像在危地马拉一样,埃内斯托在墨西哥同样做过各种工作,比如白天当摄影记者、晚上替人看守,比如到各种医院当志愿者混口饭吃,或者到研究机构搞搞科研。这天,埃内斯托在一家医院坐班,尼科带着朋友过去看病。尼科的朋友是过敏症患者,于是乎就在医院的办公室里,尼科和埃内斯托拥抱在一起。友谊在刹那间重新点燃。

菲德尔·卡斯特罗是7月7日抵达墨西哥的。

现在,一阵寒暄过后,满屋子的人正围坐在菲德尔周围。与其他任何时候、任何地点一样,菲德尔永远是聚会的中心。他思维敏捷,讲起话来神采飞扬,可以滔滔不绝地讲上好几个小时。

埃内斯托安静地坐在角落里,他在不断地观察现场的每一个人。他发现,菲德尔的讲话总是能够激起大家的共鸣。渐渐地,他不再注意其他人了,开始专心致志地倾听菲德尔讲话。

"现在,是掀起革命的时候了!巴蒂斯塔就是一个皮条客,他把我们的国家出卖给美国佬,他让美国海军在我们美丽的关塔那摩海湾巡逻。……看看富饶的甘蔗地吧,它的主人不是我们,而是美国人;看看穷人和富人的生活差距吧,我们国家百分之二十以上的穷困人口,他们的收入有多少?你们信不信,他们的收入仅仅是全国国民收入的百分之二点一。"

菲德尔的语气几乎没有半点停顿,他继续侃侃而谈:

"因此,我们必须恢复1940年的宪法;必须进行土地改革,把土地分配给农民,那些依靠欺骗方式获取的土地,我们要全部没收;那些制糖厂的利润必须重新分配……各位,怎样才能实现我们所说的一切?只有革命!只有战斗!胜利一定属于我们。现在,我们必须将我们的战斗具体化,而且要细化到每一个环节,分解到每一个步骤。叹息和哭泣永远不属于我们,小伙子们,行动起来吧!明年,我们一定要重回古巴;明年,我们将和我们的人民一起战斗!……"

菲德尔还在继续描绘未来的战斗。他的激情和信心感染着每一个人,也感动着埃内斯托。通过危地马拉的经历,埃内斯托相信,革命要取得胜利,就必须要有自己的武装力量。他想起中国的毛泽东说过的话:"枪杆子里面出政权。"要么拿起武器,成为参与者,要么,在拉丁美洲成为拉丁美洲人的拉丁美洲时,自己就只能是旁观者、局外人。埃内斯托已经在暗下决心。

晚饭过后,聚会的古巴人陆续离去。为了进一步深谈,劳尔、菲德尔、埃内斯托三个人走到街道拐角处的一家餐馆里。关上大门,话题重新开始。

菲德尔已经发现,埃内斯托是一个相当不错的倾听者。他非常好奇:"嘿,切!你这个阿根廷医生怎么干起了摄影的行当?"

埃内斯托笑了笑:"摄影也是一门工作啊。不过,"他话题一转,"现在,你来了,我可以不再上街拉人照相了。"

随后,埃内斯托开始向菲德尔详细讲述自己的个人经历,分析危地马拉革命失败的原因,探讨中国革命成功的经验,申诉美国对美洲国家的经济掠夺和欺压,寻求下一步革命的方向。

三个人都不约而同地发现,对方的观点与自己如此接近,心心相通的感觉让他们兴奋不已。菲德尔向埃内斯托敞开胸怀,他开始剖析袭击蒙卡达兵营失败的教训,阐述自己在墨西哥缔造一支远征军并在古巴防守森严的海岸线实现登陆的战略构想……

　　灯光映照着三个年轻人:29岁的菲德尔时而站起身,他身材高大,留着小胡子,坚定的神色,双目炯炯有神;27岁的埃内斯托总是坐着,忧郁的眼睛开始闪闪发亮;劳尔比哥哥小五岁,他总是坦然地看着自己的兄长,等待着兄长发号施令。

　　就这样,聚会一直持续到下半夜。菲德尔邀请埃内斯托参加他的远征军,他恳切地邀请埃内斯托:"切,我的远征军需要一个像你这样的医生,更为重要的是,你是比我先进的革命者,你应该成为我们的政治思想委员。"

　　其实,此时的埃内斯托,在看过了太多美洲人的遭遇,经历了危地马拉的失败之后,不需要任何人的鼓励,只要是反对独裁统治的革命,他都会参加。因而,在菲德尔准备的远征军花名册上,埃内斯托郑重地写下了自己的名字。

　　对于这次聚会,埃内斯托在日记中写道:"认识古巴革命者菲德尔·卡斯特罗,这是一个重大政治事件。他是一个年轻小伙子,聪明,自信,胆量非凡。我觉得,我和他惺惺相惜。"

　　伊尔达·加德亚这时候已经来到墨西哥而且同埃内斯托住在一起了。埃内斯托回到家里,兴奋地告诉伊尔达:"这个菲德尔,我同他完全一致。他要搞革命,为他这样的人我将全力相助,全力以赴。"

　　从这一刻起,埃内斯托的生活翻开了新的一页。现在,他不再是埃内斯托了,古巴人都叫他"切"。"切"这个词,在阿根廷西北部的瓜拉尼语中,意思是"我的";在智利土著语言中,意思是"男人"。这个词语在南美洲的很多地区被广泛使用,既用于相互打招呼,比如"喂"、"小伙子"、"朋友"等等,又用来提醒某人或者表示惊讶,比如"不可能!"、"怎么样?"。埃内斯托喜欢说"切",不过,与古巴人在一起,他已经习惯于被叫着"切"。"切"这个名字,在未来的岁月里,将给他带来无上的荣光。

为了打回古巴而进行的军事训练就要开始了。菲德尔请古巴游击战专家阿尔贝托·巴约将军当军事教官。巴约将军身材矮小,独眼,性情暴躁,训练严酷。切,以及那些陆续来到墨西哥的古巴人,将接受巴约将军的检验。

军事训练必须有比较正规的营地。菲德尔把落实营地这个任务交给了切。

在墨西哥城外 30 英里的查尔科区,他们找到了一处农场——圣罗莎庄园。庄园很大,四周围着高高的石墙,各处还设有警卫用的塔楼。但问题是:庄园的主人要价 25 万美元,这是菲德尔无论如何也不能承受的。

怎么办?

切想出来一个绝妙的主意。他操着外国口音,把自己装扮成富有的"萨尔瓦多上校",告诉庄园主,他计划在这个国家购买一个大型农场。装模作样地在庄园里走了一圈之后,他对庄园主说:"你这个地方还可以,就是各种设施太陈旧了,必须进行修缮。"他提出条件:"我可以购买这个庄园,但是,在达到购买标准之前,需要由我带来的几十名萨尔瓦多工人施工修缮。"反复沟通过后,庄园主同意了,答应在修缮期间,只是象征性收取一点点租金。

当然,事实上,所谓"几十名萨尔瓦多工人",其实就是接受训练的远征军战士,未来的游击战士。

军事训练是从1956年初开始的。

训练营的生活艰苦而枯燥,为了能够适应今后的战斗,巴约将军总是在不断增加训练的强度,经常冲着战士们大喊大叫:"别像个女人一样!往前冲,死猪!"

每天的训练结束,古巴人都会发现,他们的医生,那个叫"切"的外国佬,总是不洗澡,浑身上下邋里邋遢的。切笑着告诉他们:"如果在山区打仗,我们大家还能洗澡吗?还有条件换衣服吗?"

邋遢的切在训练时确是最投入、最恪守纪律的,他从来不知疲倦,很快成为训练营里为数不多的神枪手。在巴约将军组织的训练科目考核中,切全部通过。

严厉的巴约将军向菲德尔评价说:"切是我最好的学生,是所有人当中最棒的游击队员。"

不顾部分古巴人的不满,1956年4月,鉴于切的出色能力,菲德尔任命切担任训练营的人事主管。

在军事训练紧锣密鼓地进行的同时,菲德尔四处奔波,在古巴、墨西哥、美国等地组建地下秘密网络,协调反对巴蒂斯塔独裁统治的各派力量,四处筹款,购买武器。

在菲德尔的领导下,打回古巴的各项准备工作全面铺开。

天下没有不透风的墙,巴蒂斯塔和美国中情局的密探盯上了他们。

1956年6月,就在切度过28岁生日后的一段时间里,墨西哥警方以勾结共产党人、密谋刺杀巴蒂斯塔的罪名对他们实施逮捕。为了保存实力,菲德尔没有组织反抗,并公开否认自己与共产党的所谓联系。被捕的人中,只有切公开承认信仰共产主义。

监狱外,没有被捕的劳尔想方设法营救被捕的同志,组建辩护律师团,贿赂墨西哥高层政府官员;监狱内,被捕的人通过绝食、请愿等方式展开斗争。到8月中旬,被捕的人陆陆续续地释放出来,打回古巴的准备工作被迫转入地下,训练营地也被迫转移到更偏远地方。形势急转直下,时间越来越紧迫。

菲德尔开始没日没夜超负荷地工作。切一边在秘密训练营组织并接受训练,一边深入研究马克思主义和革命。伊尔达则带着切几个月的女儿时常偷偷跑过来看望切。

终于,菲德尔落实了资金、后勤、运输,古巴国内的接应准备工作也基本到位,是时候打回古巴了。

1956年11月2日,菲德尔在墨西哥《警觉报》发表谈话。他向所有人宣布:我们将不惜一切代价进入古巴。墨西哥当局紧接着向菲德尔下达了驱逐令。古巴的每个人都知道战争即将开始。

11月23日,菲德尔用密码通知古巴国内11月30日发动起义,接应他们在古巴东面的奥连特省科罗拉达斯海滩登陆。同一天,远征军的成员开始陆续向墨西哥图克斯潘港以南的小镇波索里科集结。

　　1956年11月25日凌晨两点,切和远征军队员登上了一艘名叫"格拉玛号"的白色木制游艇。"格拉玛号"全长38英尺,平常只能搭载25名乘客,是菲德尔10月购买以后刚刚修理完毕的。这艘机动快艇根本不适合航海,从图克斯潘港出发经墨西哥湾到预定登陆地点,正常的航行时间在五天左右。事实上,此时,"格拉玛号"上的远征军队伍共计82人,还装载了食物和武器。

　　就这样,船上灯火熄灭,解缆,开船,"格拉玛号"离开岸边,顺流而下,驶进黑暗,驶向古巴。

　　埃内斯托,不,是"切",一个外国人,就这样挤在"格拉玛号"上匆匆离开墨西哥,他追随菲德尔的脚步,即将艰难地踏上古巴的领土。

　　在古巴革命胜利后,曾经有82名学生试图在"格拉玛号"上同时坐下,却怎么也办不到。切和他的战友们在完成一件看起来不可能完成的任务。

　　菲德尔带领远征军已经出发,巴蒂斯塔政府的参谋部还在讨论远征军成功登陆的可能性,甚至有人认为那只是精心编造的谣言。不过,从墨西哥传来了准确的情报,在远征军可能登陆的大片区域内,巴蒂斯塔的部队已经埋伏在那里。

　　为了策应登陆,11月30日,古巴岛内的"七·二六运动"组织在圣地亚哥发动工人罢工,组织起义人员袭击当地军火库,占领军事据点。但是,远征军没有赶到,至12月2日,岛内的起义宣告失败。

在海岸线上接应远征军的人员按照约定的时间空等了两天,12月1日晚,他们带着绝望的心情撤走了。

乘坐"格拉玛号"的远征军什么都不知道,仍然在大海上苦苦挣扎。天气恶劣,头顶狂风暴雨,脚踏翻滚的巨浪,"格拉玛号"就像一叶扁舟随时面临着被大海吞噬的灭顶之灾。

最苦的当然是船上的远征战士了:这种情况下不晕船是不可能的,很快,有人就开始头晕目眩,紧接着,有人开始呕吐,然后,有人实在忍不住了,开始大喊大叫。但是,很多局外人预料之中的惨剧并没有发生,"格拉玛号"上不时传出激昂的歌声。那是队员们在唱古巴国歌!歌声激励着大家与恶劣的大自然拼死搏斗,歌声激发着每一名队员最大的忍耐潜力。

不过,无论忍耐力有多强,混乱现象一定在所难免。

正在咬紧牙关的当口,有人发现小船似乎进水了,船舱里的水越积越多。菲德尔立即命令用水泵抽水。可是,船舱里的水没有任何减少的迹象。小船下沉的后果不堪设想,为了减轻船体的负载,菲德尔再次发出命令,叫大家把一些食物和沉重的装备扔向大海。

古巴海岸线上有1000多个小岛。这时,有人发现附近正好出现了一个小岛,切建议干脆跳海,游到附近的小岛上。

有人猛吸一口气正准备跳海,一位远征队员大声喊:"不对,不能跳,我知道原因了。"醒悟过来的这个人三步两步往船头跳过去,果然是救火用的水龙头不知什么原因被打开了:船的一头从海里抽水上来,船的另一头又从船里往外抽水。

虚惊一场，人们刚刚平静下来，又猛然想起：吃的东西没有了，慌乱中都扔了。这下子又增加了饿肚子的痛苦。

原定五天的行程实际上用了七天。燃料就要用完了，淡水早就没有了，已经饿了两天肚子，如果还不能实现登陆，那么，他们还来不及放上一枪一弹，就可能消失在大海上，或者被巡逻的政府军快艇直接抓获。

现在是12月2日黎明时分，天蒙蒙亮，曙光已经若隐若现。终于看见海岸线了！那里是不是计划中的登陆地点？没有人能够肯定。远处隐隐传来巡逻快艇的声音，没有犹豫的时间了，菲德尔下令："全速冲向海滩，准备登陆！"紧接着，菲德尔宣布："登陆成功以后，所有人必须向东，朝着马埃斯特腊山主峰图尔基诺峰挺进。那里是我们的会合地点。"

确实，这里不是预定的登陆地点。

菲德尔第一个从船上往下跳，一下子陷进厚厚的淤泥里，费好大的劲才能把脚拔出来。切看着队员们头顶枪支陷在泥中的样子，轻轻地说了一句："这不是登陆，倒像是一次海上遇难。"他是最后一个下船的，他目测了一下，从脚下的这片沼泽地到后面植物茂密的地方，大约有500米。

500米的距离，队员们竟然用了一个小时！

刚刚躲进岸边的红树林，天上竟然出现了飞机，密集的子弹向树林里扫射。原来，巡逻艇在远征军登陆时已经发现了他们，立刻把这一消息通报给陆地上的驻军。

一面躲着天上的飞机，一面在满地淤泥的树林里穿行。

过了几个小时,他们终于爬出了红树林。按照事前计划,登陆后,部队立即分成了几组,朝着预定的集合地点前进。

很快,切发现,大家迷路了。尽管脚下已经是坚实的土地,但前进的方向却怎么也分辨不出来。这一天,他们只好一直躲着,没吃一口饭。天黑以后,队伍往前行进,终于遇到一个农民,才又重新确定方向。来到一片甘蔗地以后,队员们再也忍不住了,全部躺倒在甘蔗地里。当然,在几个小时的休息时间里,始终有人在吃甘蔗,地上留下了很多甘蔗渣。切忧心忡忡,他担心政府军会因此而发现队伍行动的痕迹。

12月5日下午5点左右,已经累得奄奄一息的队员们正在一处甘蔗地里休息。政府军的飞机再次出现在队员们的头顶,地面巡逻队也搜索着向他们逼近。没有别的选择,只能向不远处的树林飞奔。

切刚迈开脚步,猛然发现,地上有一箱子弹没人扛。这时,切几乎是下意识地扔下手中的医疗设备,一下子抱起子弹箱。切的身边全是呼救声,他顾不了那么多,一个劲儿准备跑。

没跑几步,切猛然听到身边有人大叫了一声,紧接着传来摔倒的声音。还没有反应过来是怎么回事儿,切觉得自己颈部中弹了。他用

手一摸,手上全是鲜血。

"完了",切一下子瘫坐在地,"我就要死了。"切叹着气,脑子飞快地转动着:"我就这样死了吗?我现在是什么样子?我死得难看吗?"切脑海里竟然浮现出一个画面,那是美国作家杰克·伦敦在小说《生火》里讲述的,故事的主人翁靠着一棵树体面地冻死了。

切茫然地看了一下身边,一名队员躺在不远处,鲜血正从嘴里、鼻子里和胸口往外流。一种难以名状的冲动让切难受至极,他朝着山的方向开了一枪。

炮火声音小了一些,切听到一个声音在喊:"同志们,我们往东走!"紧接着,这个声音出现在切的耳边:"切,爬起来,拿起枪,赶紧跟着我们走!"

切一下子站了起来,他扛起子弹箱跟了上去。

1956年12月5日,就是这一天,切成了一名真正的战士。他颈部是被跳弹擦伤的。子弹先打中子弹箱,然后弹起来打中了切。在医生和战士之间,切丢下医疗设备,扛起了子弹箱。这是战士的标志!

12月21日,在马埃斯特腊山的一座咖啡园里,登陆的队伍终于会合。菲德尔和劳尔都还活着,尼科·洛佩兹已经死了。从"格拉玛号"下来的82名队员,如今,只剩下17人,武器只剩下9件。

菲德尔把筋疲力尽的队员们聚在一起,郑重宣布:"事实上,我们胜利了!我们还活着,登陆成功了!我们已经走出了最为艰难的第一步,我有充足的信心带领大家走向最后的

　　政府军的飞机再次出现在队员们的头顶，地面巡逻队也搜索着向他们逼近。没有别的选择，只能向不远处的树林飞奔。格瓦拉刚迈开脚步，猛然发现，地上有一箱子弹没人扛。这时，他几乎是下意识地扔下手中的医疗设备，一下子抱起子弹箱。

名家名言

引导真正的革命者前进的,是伟大的爱。

名家名言

折衷只能意味着是背叛的前奏。

胜利！"不久，无比自信的菲德尔把队伍分成四个小组，并且任命了 7 名军官；不过，切依然只是一名军医。菲德尔坚信，他的军官们都能带出自己的队伍。

艰苦卓绝的游击战开始了。远征军回到自己的国土，叫起义军、叫游击队了。

阻击菲德尔登陆似乎取得胜利，巴蒂斯塔政府在全国各地大肆渲染：菲德尔·卡斯特罗率领的所谓远征军已经在古巴最南端的洛斯卡约洛斯被消灭，菲德尔已经被击毙。

为了让家里人放心，切写信告诉母亲："我很好，丢了两条命，我还剩下五条。"

巴蒂斯塔政府没有想到，就在菲德尔宣布登陆胜利三个星期后，1957 年 1 月中旬，菲德尔带领十几个人的队伍成功袭击了距离海岸不远处的拉普拉塔军事哨所。而且，菲德尔的起义军在拿下哨所过程中无人受伤，还缴获了 8 支步枪、一挺机枪、1000 发子弹。当然，菲德尔随后带着队伍回到了丛林中。

通过拉普拉塔军事哨所战斗的胜利，起义军走出了登陆的阴影，并向古巴人民证明：菲德尔·卡斯特罗领导的革命队伍还在，菲德尔还活着，正在指挥着起义队伍进行游击战！

"七·二六运动"组织在菲德尔起义前进行的准备工作开始发挥作用。慢慢地，起义队伍的人员得到了补充，武器和粮食也从平原地带向起义队伍运送。菲德尔发挥出超人的领导能力，想尽办法联络并团结古巴岛上各个反对派，形成遍布全国的地下网络组织。他甚至邀请《纽约时报》记者到起义军的营地采访,增加起义的国际影响力。

1957年5月,菲德尔领导的起义军发展到130多人,而且每个人都有武器。切得到了一挺机枪,四个小伙子成为切的助手,帮助他操作和携带机枪。

5月28日,菲德尔带领起义军攻击艾尔乌维罗要塞。要塞里有60名政府军官兵。战斗中,切反应敏捷,进攻命令下达几秒钟后切就带领他的小伙子迅速攻击前进。在几个方向的夹击下,要塞里的士兵投降了。切在日记中记录道:"我方有6位同志牺牲,15位同志失去战斗力。对方14人被击毙,19人受伤,14人被俘,其余人员逃跑。"

战斗结束,切开始救治伤员。他先给要塞的军医包扎伤口,然后,两个人一起给其他受伤的人处理伤口。对待伤员,切只把自己当做一名医生,不管是自己人还是对手,他始终一视同仁。

接下来的任务对切来说是严峻的挑战:菲德尔带着起义军撤退了,切必须把全部伤员转移到安全地点,而且,还要把缴获的武器带走。没有办法,切只好把大部分武器藏起来,带领所有伤员缓慢地走向树林。

伤员在前面相互搀扶着行进,切走在队伍的最后,忙着消除前进的痕迹。实在不能消除的时候,切尽可能把痕迹处理成相反方向。

行动越来越困难,终于,他们等到了游击队联络员戴维。切交给戴维简单的任务,叫他出去购买吃的。戴维准时买了回来,然后,切交给戴维一些重要的事情,比如对外联络、寻找药品。就这样,戴维成为切转移伤员的得力助手。

在一个多月时间里,切带领所有伤员从一个农场转移到另一个农场,他一面专心致志地给伤员们治伤,一面同他们谈心。农场里的农民看到切带领的这支队伍,既感到惊讶,又被他们同志间的亲切关系所感动。渐渐地,伤员们开始陆续恢复,一些农民开始加入他们的队伍。于是,切决定向山区进发,和菲德尔会合。

7月17日,切带领着一支35名战士的队伍回到了起义军的营地。切不但完成了转移伤员的任务,而且增加了起义队伍的力量。切这个阿根廷人在菲德尔的心中有了更重要的位置。

这时,菲德尔带领的起义军已经发展到200人,菲德尔觉得必须把队伍分成不同的纵队了。他让切领导自己带回来的队伍,并把另外一些人员划归到切的队伍里。他要赋予战斗勇敢、意志坚韧的切更大的责任和更重要的任务。这样,切的队伍发展到75人了。

1957年7月21日,在一封送往城市的问候信上,菲德尔指着上面的一个地方,他对切说:"你在这上面签上'司令'。"

切一看,上面不是明明写着"游击队第二纵队"吗?自己成了司令官啦?他将信将疑地看着菲德尔。

"不错。从现在开始,切,你就是第二纵队的少校司令官。第一纵队由我指挥。"菲德尔笑着拍打切的肩膀。

那一刻,切觉得自己是全世界最骄傲的人。他,一个外国人,竟然获得古巴起义军的最高军衔。古巴起义军的第一个少校司令官是菲德尔·卡斯特罗,第二个少校司令官竟然就是自己!

就在切·格瓦拉司令内心激动不已的时候,菲德尔再次开口:"格瓦拉司令,你现在要独立指挥了。记住,每周都要派信使和我联络。"然后,他把一枚少校级的金星别在切的贝雷帽上。

遵照菲德尔的部署,切把队伍拉了出去。他把纵队总部设在欧姆布里托山谷,建立起自己的游击队基地。在基地里,切建起了养猪场,修建简单的军队医院,还有制鞋厂、马具厂。同时,利用一台老式油印机,切开办起游击队自己的报纸——《自由古巴》报,并亲自撰稿。切的行动得到菲德尔的高度肯定,其他队伍也纷纷效仿切的做法,在马埃斯特腊山区四处开花,游击队的地盘逐步壮大。

但是,在每一次战斗中,切依然身先士卒,毫不顾及自己的安全。为此,1957年12月,切在一次战斗中受伤后,菲德尔专门派信使告诉切:"你自己不要参加战斗,这是我给你的一道严格命令。指挥好你的人马,这是现在最重要的事。"

在菲德尔的协调和指挥下,古巴反对巴蒂斯塔的各个派别都动员起来了。虽然也有争议和分歧,但全国上下都在期待着推翻巴蒂斯塔独裁统治。1958年3月,菲德尔号召全国各地实行总罢工,准备进行全面战争。4月9日,总罢工失败;5月,巴蒂斯塔对马埃斯特腊山区的起义军进行全面围攻。经过持续76天的战斗,巴蒂斯塔的进攻以失败告终。美国政府对巴蒂斯塔失去了信心,甚至准备通过军事政变寻找合适人选代替巴蒂斯塔。

经过总罢工和抵抗巴蒂斯塔的围攻,起义军已经到了打出山区向全国挺进的时候了。

1958年8月,菲德尔命令起义军分多路纵队全面出击。切的任务是带领自己的纵队(现在叫第八纵队了)摆脱巴蒂斯塔武装部队的围堵,由东到西,冲向平原,攻占圣克拉拉城,最终挺进古巴首都哈瓦那。

看看现在的切·格瓦拉司令:满脸胡须,眼神专注而迷人,他头上的贝雷帽始终别着那枚象征少校级别的小金星,古巴雪茄成为他的最爱(据说可以缓解哮喘,再说,他在古巴也不容易找到自己最喜欢喝的马黛茶),口袋里总是装着这样或者那样的图书,总是肩上挎着步枪、腰带上别着手枪,脚上永远穿着靴子,还打着绑腿。这个人不像一个司令官,更像是一个随时准备战斗的普通士兵。

1958年8月28日傍晚,切率领第八纵队出发了。这支部队一共只有148个人。后来,人们说,那是148个大胡子降临人间。

在接下来的几十天时间里,这支队伍穿过了半个古巴,徒步行走600多公里。

一路上,先是与世隔绝的热带丛林,后是暴雨倾盆的平原沼泽;经常没有饭吃、没有水喝;蚊虫不断叮咬他们,巴蒂斯塔的军队不时地骚扰他们。

在哈勃沃河,人们看到,一群人正在渡河,切在前面开道,一只手划着水面,一只手举着行囊和武器,他身后的人一个接着一个,都是同样的动作。等到上岸的时候,人们发现,这群人根本就没有鞋穿。

在毫无遮挡的沼泽地带,有一个人,一会儿在不断辱骂着,过了一会儿又开始恳求大家,他不停地打着各种手势,他在指挥一群随时可能崩溃的男人艰难前行。

在无人的夜晚,还是这群人,没有一个人说话,埋着头,都像机器人一样,机械地往前行走。最前面的那个人,呼哧呼哧地大口吸气,却又尽量控制着自己的声音。走在后面的人都知道,前面那个人的哮喘病发作了。

如果这不是历史事实,没有人会相信,就是这样一群人,居然打下了一个又一个古巴巴蒂斯塔政府军的军事要塞,在1958年12月27日,他们居然开始攻打古巴第四大城市——圣克拉拉城。

圣克拉拉城有15万居民,是古巴中部的交通枢纽。攻下圣克拉拉城,首都哈瓦那就近在眼前了。

城市里本来有1000多名守军,巴蒂斯塔依然担心守不住,他又派来2000多名士兵防守。更为重要的是,巴蒂斯塔从哈瓦那派出一辆装甲列车。列车由两辆机车和19节车厢组成,车上既有各种通信设备和充足的弹药,更有14挺机枪和400名装备精良的士兵。

这时候,在古巴全国各地,起义军和反对派一起并肩战斗,已经取得了一系列胜利,老百姓被彻底动员起来了。山里来的游击队已经成为老百姓崇拜的对象。

切非常清楚地认识到:要想取得圣克拉拉战役的胜利,就必须防止政府军队开出兵营,确保装甲列车原地不动,而且,还要把城市里的居民动员起来。政府军的士兵其实是不愿意为巴蒂斯塔卖命的,切利用了这一点。

12月28日清晨,就在巴蒂斯塔从哈瓦那派过来的空军进行扫射和轰炸的时候,切指挥部队控制了城外的公路,让守军认为已经无路可逃。紧接着,切迅速进入市区,在圣克拉拉大学设置临时指挥部,到广播站发表讲话,号召全体市民行动起来,共同推翻巴蒂斯塔独裁统治。与此同时,他命令部下把街上看到的所有车辆集中起来,设置街垒,防止守军的坦克往外冲。随后,他亲自带领一队人马,将装甲列车后退道路上的铁轨拆掉,并用拖拉机拖走。

政府守军一直不敢主动出击,龟缩在各处要塞和防御工事里,处于被动挨打的局面。

进攻初期,切没有取得决定性的胜利。尽管市民已经动员起来,政府守军已经被包围在各个堡垒和工事里,但他们的力量依然还在。

战斗在继续。30日下午,装甲列车的守军终于开始向列车车厢内退缩,游击队员立即把准备好的汽油燃烧弹投向列车车厢下面。车厢里的温度逐渐升高,列车变成了烤箱。这时候,列车的指挥官命令列车全速后退。列车离开车站三公里,地面没有轨道了,列车立即翻倒在地,被紧紧包围的装甲列车再也动弹不得。在燃烧弹、炸弹的夹攻之下,列车里的士兵再也受不了了。黄昏的时候,装甲列车投降了。

装甲列车的投降是对其他守军的严重打击。尽管头发蓬乱、疲惫不堪的切始终在指挥战斗,但他知道,胜利已经掌握在自己手中。

最后的战斗没有什么悬念了。几天时间里,切的纵队打败了圣克拉拉城3000多名政府的正规军,游击队员一共牺牲了6人。

圣克拉拉城被攻克,巴蒂斯塔知道自己大势已去。1959年1月1日凌晨三点,巴蒂斯塔带着几十名亲信,乘坐飞机逃离古巴。

1月1日,从此被确定为古巴国庆日、革命胜利纪念日。

1月4日凌晨,切比另外一支纵队晚一天到达古巴首都哈瓦那。进入首都的时候,切衣衫褴褛,满身疲惫,胡子拉碴的,一身臭熏熏的,但目光坚定,面带笑容。陪伴在切身边的,是他在战火纷飞中结识的革命伴侣阿莱达·马奇。

1月7日,切迎接菲德尔·卡斯特罗到首都。菲德尔和切站在坦克上,周围狂热的人群在不断欢呼。

从此,切走到很多地方都能听到"切、切、切"这样的欢呼声。

同一天,美国政府承认了古巴新政府。1月10日,苏联也承认了古巴新政府。

1月9日,切的父母和弟弟妹妹被人用飞机从布宜诺斯艾利斯接到哈瓦那。两个星期后,伊尔达和女儿也来到了哈瓦那。不同的是,父母和弟弟妹妹不久就回国去了,他们不再担心切,因为,在他们心中,切从事的是正义的事业;女儿留在了切的身边,伊尔达呢?她很伤心,因为,切将会和她离婚,切的后一个妻子就是与他同时进入哈瓦那的阿莱达·马奇。

在古巴,在哈瓦那,切觉得自己已经证明:一小群勇敢的、得到人民支持和不怕死的人,可以压倒一支正规军。把切引向荣耀之路的,是这种认识;遗憾的是,把切引向死亡之路的,也是这种认识。当然,那是几年之后的事情。现在的切,他将开始一段崭新的生活。

① 菲德尔为什么邀请埃内斯托参加他的远征军?
② 埃内斯托本是一名医生,但当他看到一箱子弹没人扛时,他却扔下医疗设备抱起了子弹箱,这说明了什么?

第六章 "我知道我们就是未来"

1959年2月,古巴新政府宣布:"鉴于埃内斯托·切·格瓦拉为古巴革命作出的杰出贡献,特授予他古巴国籍,与在古巴出生的人一样,享有与古巴人相同的权利。"

切没有陶醉在胜利和荣誉面前,相反,不管是负责审判罪犯,还是担任古巴银行行长、古巴工业部部长,还是出国访问,切始终严格要求自己,保持认真负责的工作状态、战斗状态,为了古巴革命的未来奉献着自己的一切。他把自己当成工作的机器、战斗的机器,他是一个与时间赛跑的人,一个在艰苦复杂的环境中始终坚持自己战斗方向的人,一个为未来而战的圣斗士。

在一封写给母亲的信中,切这样描述:"我知道我们就是未来,我们快乐地投入国家建设,为此,我们甚至把个人情感丢在一边。"

现在，切每天的工作时间在 16 个小时左右。

在古巴首都哈瓦那流传着这样一个故事：切的工作人员告诉来访者，他们可以在 3 点的时候拜访切，因为切在 3 点以后才有时间。拜访者在下午 3 点的时候来到切的办公室，工作人员吃了一惊，问道："你们怎么这么早就来了？回去吧，还早着呢。"原来，工作人员说的时间不是下午 3 点，而是凌晨 3 点！

法国作家、哲学家萨特在拜访切的时候，他被切的革命热情和高度投入的工作状态震惊了，临行前，他高度赞扬切。在他心中，切·格瓦拉是一个什么样的人呢？萨特说："这是一个我们这个时代最完美的人！"

不过，切自己也意识到，这种高强度的工作是难以持久的，为了革命的未来，他要求所有人必须进一步提高工作效率。于是，在 1962 年年底，他对部下郑重宣布："从今天开始，我们的工作到凌晨 1 点的时候结束。"对切来说，时间总是那么紧迫。在他看来，革命者在斗争中失去生命是再正常不过的事了，因此，每个人都应该把自己的每一天都当成是借来的，必须加倍珍惜。

为了让古巴早日建成工业化强国，让古巴脱离单一经济的束缚，切号召全国人民开展义务劳动。通过义务劳动，一方面，把自己培养成符合未来发展的"新人"，另一方面，为当前的工作奉献自己的时间和热血。

切是这样说的，他更是按照这样的标准要求自己。如果自己都不能做到，切是不会要求其他人做到的。每天工作十几个小时的切,在周日不工作的时候,就带领手下人和家人参加义务劳动。在田间地头、在厂矿车间,他与农民、工人一起劳动。无论多脏多累的活儿,只要人们在干,他肯定就会投入其中。而且,切参加义务劳动绝不走形式,他总会在义务劳动的过程中展开劳动竞赛,比效率、比质量。哪怕是在自己身体不适的情况下,他也决不放弃。

一次,在参加义务劳动举行的竞赛中,切的哮喘病发作了。另一组的同志暗暗窃喜,都以为切这下子会输了。没想到,切以顽强的意志忍受着呼吸困难,他砍甘蔗的动作没有丝毫放缓,头也不抬。砍完最后一根甘蔗,切瘫倒在地,一口接一口地大声喘气。同事和竞赛对手都被切的这种精神感动。

有一件事可以看出切对义务劳动的热衷。老朋友卡尔多·罗乔到古巴看望切,切居然拉着罗乔参加义务劳动。无奈之下,罗乔陪着切砍了整整一天的甘蔗。

那一年,切以部长的身份,在几个月的时间里一共参加了270个小时的义务劳动,他当之无愧地被评为"劳动标兵"。每周时间,周一到周六,切在上班;周日上午,切在参加义务劳动;只有周日下午,切才可能和家人在一起,享受一点点温馨时光。

与古巴土生土长的人相比,切总显得与众不同。切喜欢喝家乡的马黛茶,古巴人喜欢喝咖啡;切喜欢吃阿根廷烤牛肉,古巴人喜欢烤猪肉。古巴人闲下来的时候喜欢聚会、喝酒、斗鸡,切呢?他闲下来的时候喜欢动脑,喜欢调动组织人们一起进行各种各样的文体活动,比如象棋比赛、文艺比赛等等。但这些都不重要,重要的是,古巴人生性较为随意,缺乏时间观念,缺乏严谨的工作作风。这是切不能容忍的,他把严格、守时、重承诺等优良的工作风气带到了古巴,以身体力行的作风影响着身边的每一个人。

为了减少美国对古巴经济的控制,切带领代表团到苏联寻找蔗糖出口的机会,并与苏联代表团约好了谈判的时间:上午10点。

这天,切准时出现在谈判大楼外。时间到了,古巴代表团的成员却没有一个人出现。苏联人对切说:"我们等一等吧,没关系,我和代表们说说。"

切回答得很干脆:"不用等了,我一个人和你们谈判。"

于是,谈判桌上出现了戏剧性的一幕:古巴这一方只有一名代表,那就是切;苏联那一方则坐满了人。

由于苏联急切地希望把古巴拉入自己的阵营,谈判进行得非常顺利。二十几分钟后,谈判就结束了。这时候,古巴代表团的成员上气不接下气地赶来了。切什么话也没有说,脸上的表情也没有任何变化。

古巴的代表们忐忑不安地等待着切的批评。

第二天,切突然率领代表团参观列宁博物馆。代表们一开始根本弄不清切的葫芦里卖的是什么药,迷迷糊糊的。

在博物馆里,切专门邀请讲解员讲一讲列宁对纪律管理的要求。

讲解员告诉每一个人,如果会议上有人迟到,列宁定下的处罚是这样的:第一次迟到,严重警告;第二次迟到,在处以罚款的同时,把某某人迟到的事情刊登在党报上;如果出现第三次迟到,那就没什么好说的了,直接解除其工作职务。

代表们终于知道了切带领他们参观列宁博物馆的真正用意。从此,在切身边工作的人,再也没有出现迟到的情况。

切严格要求身边的每一个人,对自己,他更是不敢有丝毫的松懈。作为国家领导人的切,本可以有着良好的物质条件,享受国家提供给他的一切。但是,切认为,革命者必须经受住各种条件的考验,任何时候都要把革命放在第一位。沉湎于物质享受将会把革命者的战斗激情消磨殆尽。

一次,在外地考察完工作后,天气变得极为恶劣,但切依然要求飞行员起飞回首都。后来,暴风雨来了,飞机被迫返回。切囊中羞涩,竟然没有钱住酒店。切的妻子悄悄问身边的随从:"你们带钱了吗?"

没有人相信,当时身为国家银行行长的切竟然为了避免住酒店而急于赶回首都。

本来,银行行长的月薪是1000美元,可是,切坚持只领取部队司令员微薄的月薪,也就是250美元。

在切心目中,国家的一分钱都是不能动的。

当切的父母希望再次到哈瓦那看望他时,切告诉他们:

"你们第一次来哈瓦那的时候,我不知道,如果我知道,我绝对不允许他们派人去接你们。因此,你们这次要来,就得你们自己凑路费了。"

切的妻子很不满意,因为,作为国家领导人的妻子,居然不能享有一点点方便。比如汽车,切对妻子说:"你知道汽车是政府的,不是我的,所以你不能坐。跟大家一样,坐公共汽车去。"妻子只能自己挤公交车、自己排队买东西。

妻子想弄清楚切为什么不给父母提供路费。切生气了:"难道你也不相信我领的是固定工资吗?"妻子说:"你可以先预支,然后分期支付嘛。"切回答说:"那好吧,但不是现在,现在还有更紧要的事情要办。"

事实上,切可以挣很多钱,但是,他心中只有革命,没有金钱。当哈瓦那大学要给他讲课费的时候,他说:"为什么总要用金钱来衡量我的工作?在我所获得的一切报酬中,最为珍贵的便是我有权利成为古巴人民的一分子。这是无法用金钱来计算的。"切写作得到的稿酬几乎都捐赠出去了,一部分,甚至捐给了国外的革命运动组织。

当然,这时候的切,既是人们心中的革命英雄、工作的典范,同时,依然是一个不拘一格、随性洒脱的人。他总是穿着橄榄绿军装,戴着黑色贝雷帽,但皮带总是扎得松松垮垮的,嘴里叼着雪茄,时而严厉得不近人情,时而又带着宽容的笑脸。

有一张切主持工业部会议的照片。照片上,所有人都穿着西服、打着领带,端坐在会议桌前,一副认真严肃的神情。

只有切,他坐在会议桌上,跷着二郎腿,手拿雪茄,侃侃而谈。

在革命胜利后,菲德尔·卡斯特罗一如既往地支持切、信任切。

正是源于一丝不苟的工作作风,在摧毁旧政权根基的时候,切没有盲目地处死那些在革命中犯下累累罪行的人。当年,巴蒂斯塔通过政变上台以后,两万多古巴人失踪;如今,在切的主持下,古巴新政府通过人民公审,只把不到500人送上了断头台。

正是源于建设新古巴的满腔热忱,为了留住专业人才,切不惜花费大量的时间与旧时代的精英们沟通。其中,最出名的当然是古巴首富胡里奥·罗伯。

在土地改革后,罗伯的土地被政府没收,但他仍然拥有13座糖厂,而且,他是糖业界不可多得的经营人才。

切希望罗伯能够留在古巴,为古巴建设发挥自己的专长。他告诉罗伯,只要罗伯留在古巴,月薪至少2000美元,而且可以继续拥有自己的别墅。

给一个亿万富翁发放工资,切似乎显得天真。但是,这丝毫不能抹杀切的智慧,反而显现出切对社会建设的高度投入精神:为了理想中的革命事业,切可以给罗伯开出相当于自己十倍的月薪。

罗伯没有留下来,他离开古巴。随后,罗伯的糖厂和别墅被没收。不仅如此,按照国家建设的需要,古巴的所有银行、运输企业、工业企业、大型商业都被新政府收归国有。

正是在切的推动下,古巴一步一步地迈向社会主义道

　　一次,在参加义务劳动举行的竞赛中,格瓦拉的哮喘病发作了。另一组的同志暗暗窃喜,都以为格瓦拉这下子会输了。没想到,他以顽强的意志忍受着呼吸困难,他砍甘蔗的动作没有丝毫放缓,头也不抬。砍完最后一根甘蔗,格瓦拉瘫倒在地,一口接一口地大声喘气。

名家名言

失败并不表明不能取胜。很多人在努力攀登珠穆朗玛峰时都遭到了失败，但最后珠穆朗玛峰还是被征服了。

名家名言

金钱是有趣的奢侈品，仅此而已。

路,切在革命前的梦想正在一步一步地实现。1962年3月,古巴的各个党派统一形成新的政党,即"古巴社会主义革命统一党"。此前,为了避免和美国决裂,菲德尔·卡斯特罗一直不承认自己与共产党的关系,但是,在争取古巴经济摆脱美国控制的道路上,在以美国为首的利益集团和以苏联为首的政治集团的斗争中,菲德尔站到了共产主义这一边。他正式对外宣布:"我是一个马克思列宁主义者,而且,直到生命的最后一天,我将永远是一个马克思列宁主义者。"

从古巴革命胜利的那一天起,切就在梦想着要把古巴革命推向拉丁美洲、整个美洲乃至亚洲、非洲。他坚信,古巴是美洲的第一个社会主义国家,是美洲的先锋和典范,美洲兄弟应该像古巴一样进行土地革命,在农村、在山区开展斗争,像中国革命一样,走农村包围城市的道路,只要长期坚持,就一定能够取得革命的最后胜利。重要的是,切和菲德尔都认为,古巴真正的独立在于拉美革命的胜利,要完全摆脱美国的威胁,美洲爆发的革命就一定要走向胜利,古巴也必须全力支持美洲大陆发生的革命。

在切心中,古巴应该成为美洲游击战培训中心、输出中心。菲德尔在演讲中也多次表明:"在古巴革命的示范作用下,美洲整个安第斯山地区将转变成西半球的马埃斯特腊山。"

就这样,切开始总结革命的道路。在回顾古巴革命的基础上,切撰写并出版了《游击战》一书。

在书中,切总结认为:人民的力量可以赢得与政府正规军的战斗;不一定要等到一切条件都已经具备的时候才能进行革命,游击队在创建游击中心的同时就会创造出革命的条件;在经济不发达的美洲地区,武装斗争的战场应该在农村和山区。他在书中指出:游击队是人民战斗的先锋队,它的伟大力量存在于广大人民群众之中。

古巴革命的胜利,事实上也确实激发起美洲国家革命者的信心。就在古巴革命胜利后,危地马拉、墨西哥、哥伦比亚、阿根廷等美洲国家的革命者纷纷来到古巴。他们既是来取经的,也是来接受训练的。世界上的所有社会主义国家也把古巴作为革命的典范,纷纷与古巴建交,从道义和物质上支持古巴革命。

与此同时,美国意识到古巴革命的巨大威胁。为了对抗革命,美国为美洲国家提供专门的军事援助,并不断组织专项反革命培训。1961年10月,在阿根廷的高级军事学院,第一期"美洲内部反革命战争课程"正式开班。

切密切关注着美洲各地革命的进程,在他访问亚洲、非洲国家之后,亚非国家的革命也一下子进入他的视野。

在古巴接受培训的一支又一支各个国家的游击队出发了。但是,在美国的干预下,他们一次又一次地失败了。其中,包括尼加拉瓜的游击队、阿根廷的游击队、多米尼加的游击队、秘鲁游击队等等。尽管这些游击队失败了,但是,不断扩大的游击战争分散了美国对古巴的压力,而且,美国也为此付出了昂贵的代价。

此时,作为社会主义阵营牵头羊的苏联却在发生着巨大的变化。苏联在与美国对抗的过程中似乎觉得自己慢慢地处于下风,尤其是在古巴发生导弹危机的时候。

当时,为了防备美国入侵,古巴政府"三巨头"(菲德尔、劳尔、切)同意苏联在古巴本土部署导弹的建议。古巴如果建设成导弹基地,导弹就可以直接打到美国领土,这样,美国就不敢轻举妄动了。

美国发现了苏联和古巴的意图,立即摆出决战的架势,派出航空母舰和军舰全面封锁古巴,并扬言发动核战争。

正当古巴进行全国总动员的时候,苏联出卖了古巴,同意撤走布置在古巴的全部导弹。

站在菲德尔和切的角度,毫无疑问,苏联在最后关头出卖了古巴;站在苏联的角度,好的一面是避免了一场核战争,坏的一面则是从此不敢与美国进行正面对抗;至于美国,他们觉得在对抗中占据了上风。因为,接下来,苏联提出要与美国"和平共处",尤其在美洲这样一个美国势力占主导地位的区域,更不同意革命的发生,对美洲革命不再支持,甚至开始防范美洲革命的发生。

后来,在非洲发生革命战争的时候,苏联采取听之任之、爱理不理的态度,刚果革命被镇压,革命者被处死,剩余的起义者举步维艰。

在这种情况下,切越来越觉得自己有一种历史责任感,必须摆脱对现实压迫的所有恐惧,勇敢地站出来支持被压迫人民的革命斗争。他想到了危地马拉革命,阿本斯总统是自己勇敢的榜样,但是,正是由于阿本斯总统在关键时刻的软弱才导致了革命的最终失败。为了自由而牺牲自己的生命，在格瓦拉看来自己已经没有更多的选择。古巴革命已经成功，作为革命家的切该是离开古巴的时候了。

1964年12月，切作为古巴代表团的团长，带队参加在美国纽约举办的联合国第十九届大会。

11日，切在大会上进行了精彩的、无所顾忌的演讲。

他向苏联开炮："作为马克思主义者，我们坚持认为，国家间的和平共处不包括剥削者与被剥削者、压迫者与被压迫者之间的共处。"

对非洲刚果革命的遭遇，切慷慨激昂："今天，我们用获得了自由的双眼，能够看到昨天我们的殖民地奴隶身份让我们看不到的东西；我们看到了'西方文明'在它漂亮的外衣掩盖下的那种狼狈为奸的行为。那些去刚果执行所谓的'人道'行为的人，那些对手无寸铁的人民横施暴行的惨无人道的野兽，他们配不上'人'这一称谓。世界上所有自由的人们都应该准备着为刚果罪行报仇雪恨！"

切在演讲中深情表示："我是古巴人，也是阿根廷人，如果拉丁美洲各位尊敬的先生不介意的话。我认为我是一个绝不比任何人逊色的拉丁美洲爱国主义者。任何时候，只要需要，我甘愿为拉丁美洲任何一个国家的解放事业贡献自己的生命。而且，绝不因此而向任何人索取任何代价、提出任何要求，也绝不剥削任何人。"

在切心中，战斗的号角已经再次吹响。

事实上，早在1955年，刚刚参加菲德尔的革命队伍时，切就对菲德尔说过:"如果革命能够胜利的话,在革命胜利后,请恢复我本人作为革命者的自由。"

在 1961 年 2 月就任古巴工业部部长的时候,切又对身边的人说过:"我们就在这里奋斗 5 年,国家建设好了,我们离开。虽然说那样一来我们长了 5 岁,不过,那时我们依然能够再打一场游击战。"

这是一个永远不会甘于平庸的人,他常常说:"如果我像官僚一样坐在办公室成天处理烦琐的公文,我一定会被整死。"

在联合国大会的演讲里,还有一段激动人心的话。切说:"一个透过革命就可以看到的景象,一个可以让世界更美好的希望,一个值得用生命作赌注的梦想,值得我在世界上任何一个大洲的每个战场奋战至死!"

1965 年 4 月,在走遍非洲大陆回到古巴以后,切消失在人们的视野中。

① 当格瓦拉的父母希望到哈瓦那看望格瓦拉时,身为银行行长的他却不给父母提供路费,为什么?你觉得他这样做对吗?

② 文章最后说:"在走遍非洲大陆回到古巴以后,切消失在人们的视野中。"切真的消失了吗?你是怎样理解这句话的?

第七章 "让我们面对现实，让我们忠于理想"

菲德尔·卡斯特罗认为，切带领游击队在非洲或者美洲大陆直接参加革命，现在的条件尚未真正成熟。再说，切·格瓦拉的名气太大，一旦消息传出去，容易引起国际风波。他建议，先派出一些普通干部参加其他国家的革命，当这些干部创建的游击中心站稳了脚跟，切再亲自去指挥。况且，切已经过了36岁，他的哮喘病随时可能发作，直接参加战斗的风险太大了。

但是，看着非洲和美洲国家百姓的苦难，切永远不可能转身离去。能够在有生之年再次参加战斗，对切来说，那是自己的荣耀。对切而言，死亡算什么呢！他曾经这样说："每个人一生中的决定性时刻，就是在他决定面对死亡的时刻。如果敢于面对死亡，那么，不管是不是成功了，他都是一个英雄。不能面对死亡，那他就永远只是一个口头政治家，甚至是懦夫。"

在切的心中，只关注自己一个人的利益是可耻的，他始终站在受剥削、受压迫的广大穷苦人的立场思考问题。他认为，所谓朋友，只能是一些志同道合的人。

不用说，切的身边有很多愿意同他一道出生入死的追随者。这些人，既把切当成自己的偶像，又是切的朋友、亲兄弟。他们在切远征非洲和美洲大陆的日子里，将始终与切站在一起，直到永远。

在即将离去的日子里，切关上自己的办公室的大门，回顾自己走过的路，思绪万千，但又平静异常。

对古巴，切是舍不得的。这里毕竟是他战斗过、流过血的地方，也是他成长和出名的地方。切不愿意自己的国际主义行动成为他国攻击古巴的借口，他必须排除这种可能性。想来想去，他提笔写下一封信。这封信是写给菲德尔·卡斯特罗的，他希望菲德尔在合适的时候向外界公开这封信，既避免古巴遭到他国攻击，也让古巴人民了解自己为什么要离开。

在信中，切悲伤地写道："我正式辞去我在党内的领导职务，辞去部长职务，正式放弃少校军衔和古巴国籍。"切知道，他这样做了，其他国家就没有理由攻击古巴了。"从此，我同古巴不再有任何法律联系，只保留一种联系，一种不能像职务那样辞去的联系。"切没有说这是什么联系，但人们都知道，他保留的是对菲德尔的友谊、是对古巴人民的深厚感情。

接下来,切在信中高度称赞菲德尔的品德和才能之后,告诉菲德尔:"世界上的另外一些地方需要我去献出我的绵薄之力。由于你担负着古巴领导的责任,我可以去做你不能去做的工作。我们分别的时候到了。你要知道,我这么做真是悲喜交加。在这里,我留下了我作为一个创业者最美好的愿望,留下了最亲爱的人……留下了把我当做儿子一样看待的人民,这是使我内心感到悲伤的一面。我将把下面这些东西带到新的战场上去,那就是你灌输给我的信念,我的人民革命精神和履行我最神圣天职的心情,以及哪里有帝国主义就在哪里斗争的责任感。这一切足以鼓舞人心,治愈任何创伤。"

切再次重申:"我再说一遍,我不要古巴负任何责任,我只是学习了古巴的榜样而已。如果我在他国命丧黄泉,那么,我临终思念的将是古巴人民。"

最后,切在信中骄傲地说:"我没有给我的子女和妻子留下任何财产,然而,这并不使我难过,相反,这样倒让我感到高兴。我不会为他们提出任何要求,因为国家会对他们做出充分安排,让他们能够生活和受到教育。"

信的末尾没有注明时间,切想给菲德尔留下公布这封信的时间余地。也就是说,公布信件的具体时间由菲德尔根据需要自己把握。

多少年前,离开墨西哥的时候,切给父母写了一封信。现在,他也要告诉自己的父母。给菲德尔写信的时候,切字斟句酌;给父母写信,他几乎是一蹴而就,满怀激情:

"我的脚跟再次挨到罗西南特(堂吉诃德的坐骑)的肋骨,手挽盾牌,重赴征程。

差不多10年,我曾给你们写过另一封告别信。我记得,我当时因为没有成为优秀的战士和优秀的医生而感到惭愧。现在,我对成为优秀的医生已经没有任何兴趣,但作为战士,我却不是那么差劲的。

我基本上没有什么变化,只是觉悟大有提高,我的马克思主义正在生根,逐渐纯粹起来。

我相信,武装斗争是各族人民争取解放的唯一途径,而且,我始终不渝地坚持这一信念。很多人说我是冒险家,是的,我是冒险家,只不过是另一种类型的,是一个为了宣扬真理而敢于豁出生命的冒险家。也许结局就是这样。我并不寻求这样的结局,然而,这种结局在预料之中。果真如此,我在这里最后一次拥抱你们。

我很爱你们,只是不知道如何表达我对你们的爱。我办事是非常坚决的,我觉得你们有时候对我并不理解。话说回来,要理解我并不容易。不过,这一次,请相信我说的话。

现在,我充满艺术家的情怀,秉持雕琢艺术品的意志,支撑起这软弱无力的双腿,维持着这疲惫不堪的肺脏。我一定要做到这一点。

请你们时常想起这位20世纪渺小的征人。

吻塞利亚、罗伯托、胡安·马丁、波托丁、贝亚特里斯,吻所有人。浪荡而固执的儿子热烈拥抱你们。"

写完这两封信,不知不觉之中,天就要亮了。切活动了一下身体,想给孩子们写一封信。与阿莱达·马奇结婚后,切又有了四个孩子。切希望自己的孩子记住父亲是一个什么样的人:"你们的父亲是一个按照自己的思想行事的人,他怎么想就怎么做,忠于自己的信仰。"他告诫孩子们:"你们应当对于世界上任何地方的任何非正义的事情都能产生最强烈的反感,这是一个革命者最宝贵的品质。"

对自己的大女儿,他经常叫着"小毛"的小伊尔达,切尤其钟爱。他单独写了一封信给大女儿:

"我今天给你写的这封信,你却要在很久之后才能收到。但我希望你知道我在惦念着你,并希望你过一个非常快乐的生日。你差不多是个大人了,所以给你写信,就不像给小孩子写信那样瞎扯几句,讲些无聊的话。

你应当知道,我正在遥远的地方,我将和你分别很久,为了同我们的敌人斗争,我在做我力所能及的事情。我正在做的虽不是什么了不起的大事,但毕竟是在做一件事吧。我想,你是可以永远为你父亲感到骄傲的,就像我为你感到骄傲一样。

你要记住,今后斗争的岁月还长着呢,甚至在你成人之后,你也要为这一斗争作出贡献。同时,你应当做好准备,做一个优秀的革命者,就是说,在你现在的年纪,要尽可能多地学习东西,并随时准备支持正义事业。除此之外,要听妈妈的话,不要过于自负。你要争取成为学校里最好的学生之一,在各方面都要比较好,品行端正、严肃认真、热爱革命、与同志友好相处。我在你这么大的时候,没有做到这些,但我是在另外一个社会长大的,那是一个人吃人的社会。而你呢,现在的条件很优越,生活在不同的时代里,因此你应当无愧于这个时代。"

带着一往无前的勇气和绝不回头的信念,切·格瓦拉和几十名挑选出来的古巴战士组成一支远征军,向非洲腹地的刚果进发。为了避免在路途中被认出来,这时的切已经装扮成一个生意人,胡子刮得干干净净,头发向后梳理得整整齐齐,嘴里装了假牙,戴着一副眼镜,表情沉着而坚定,化名拉蒙·贝尼斯特。

渡过非洲著名的坦葛尼喀湖,在刚果的起义军营地里,切被称为"塔图",身份是医生和翻译。为了避免使冲突国际化,切的真实身份被刻意隐瞒。但是,这样一来,切也失去了指挥队伍作战的权利。

刚果是一个四分五裂的国家,先前的起义已经被比利时伞兵、南非雇佣军、美国飞机镇压下去。尽管脱离了比利时的殖民统治宣布独立,但独立运动的领袖、民族运动党主席帕特里斯·卢蒙巴已经被杀害。在中国的支持下,刚果西部的皮埃尔·穆雷雷于1964年1月1日再次发动起义;刚果东部和中部则在苏联支持下继续革命,由刚果民族运动党控制。

在切到达刚果之前,美国空军和南非雇佣军展开了大规模行动,屠杀了数千名刚果人,起义军的地盘逐渐缩小,不断陷落。在这种情况下,穆雷雷丧失了自己的威信,人们对起义的信心也逐步丧失:起义军内部不再团结,很多年轻人离开了游击队。

可以说,国际社会对刚果起义的支持太晚了。切这时加入的战斗,其实是一场已经快要完结、已经被他的敌人快要征服了的斗争。

实际上,在切进入刚果以后,游击队的斗争几乎完全依靠切带去的古巴远征军。很快,切就发现,刚果的所谓人民解放军简直就像寄生虫一样,不干活,不训练,不打仗,向老百姓要吃要喝,有时候态度还极端粗暴。关键的问题是,在战斗中,这些刚果人要么丢下枪就跑,要么就只是放空枪。苏联、中国、古巴对刚果的援助造成了这样一种情况,切在给菲德尔的信中说:"实际上这里不缺武器,相反,拿武器的人多得是,这里缺少的是士兵。我特别提醒,必须一点一点地给钱,而且要在多次恳求以后。"刚果人贪婪地伸手要钱要枪,然后又渐渐地化为乌有。这样的起义部队,已经注定要失败。

切已经明白,他在刚果的战斗在失去应有的价值。他反思认为:"我们以无产阶级国际主义的名义,可能犯了代价高昂的错误。"但他不愿意轻易放弃,他仍然试图训练刚果的游击队。在处境越来越艰难的时候,菲德尔来信明确表示:"我们什么都可以做,但不应该做荒唐事;如果塔图(指切·格瓦拉)认为,我们的存在正在变得没有道理和没有益处,我们应该想到撤出。如果认为应该坚持下去,我们将

设法运送你们认为必要的一切人力和物力。……任何决定我们都将支持;要防止全军覆没。"

到了1965年11月,建立在坦葛尼喀湖边上的起义基地已经缩小到即将崩溃的地步。美国人已经知道古巴人在刚果,他们试图一举抓获这些古巴人。雇佣军的攻势已经变得势不可挡,起义军所在村庄的妇女儿童都在逃难,刚果人四散逃跑。

情况紧急,没有别的选择,只能离开。在逃离刚果的船上,所有人都哭了,只有切没有流泪。那一刻,切只觉得自己孤独。"在我漫游世界的日子里,无论是在古巴还是在其他地方,我从来没有像现在这样孤独。"在切一生中,他最难以忍受的就是撤退这种逃跑动作。

切在非洲战斗过的地方,始终充满悲剧,哪怕到了几十年后的今天,刚果(金)这个国家,依然被艾滋病、腐败和暴力包围着,似乎已经被极端贫困的生活彻底摧毁,没有半点生机。

"南美洲有一座高原,位于玻利维亚和巴拉圭。这个地方与巴西、乌拉圭、秘鲁、阿根廷接壤。如果我们让一支游击队进入这个地区,我们就可以把革命传遍整个南美。"这是切的梦想,多年以来,他都想亲自带领一支队伍战斗在那里。

1966年秋天,切带领着一群古巴士兵出现在玻利维亚。在玻利维亚东南部的一片荒野上,在安第斯山脉的东部山区,在查科沙漠的边缘,在尼阿卡瓦苏河流经的地方,有一座名叫"卡拉米那"的农场,对外的说法是养猪场、伐木场。这里是切在玻利维亚的训练基地。

准备工作是怎么进行的?是谁决定去玻利维亚的?什么时候决定的?没有人知道。研究者们翻遍了档案馆,到现在也找不到答案。人们只知道,切到了那里,并开始组织训练。

到了1967年3月,玻利维亚政府发现了游击队行踪,政府军开始攻击营地,切在玻利维亚的游击战正式打响。短短两个星期,政府军伤亡数十人,丧失了大批物资,切的游击队只损失了一个人。

4月15日,哈瓦那《格拉玛报》刊登了切的一封信。信中,切提出了要"创造两个、三个越南"的口号。他说:"仇恨引发斗争,对敌人毫不妥协的仇恨,它促使人超越天然的局限,把人变成一部有效的、暴力的、有选择能力的、冷酷的杀人机器。我们的士兵必须是这样的人;没有仇恨的人民不可能战胜残忍的敌人。"他慷慨地表示:"要到敌人正在打仗的地方去打仗;要打到他们的家里,打到他们寻欢作乐的地方,要全面地展开战斗。"

《格拉玛报》对切在玻利维亚进行游击斗争的报道,表明古巴号召拉美地区开展游击战争的决心,点燃了美洲革命新的希望之火。但是,不可避免地,切的行踪暴露了。

4月29日,美国中情局人员带领一支队伍来到玻利维亚,对玻利维亚的600名军人进行特别训练。美国人知道,要靠玻利维亚人抓获甚至消灭切,那是不现实的事情,美国必须亲自指挥。

本来,切希望由他亲自点燃的武装冲突能够迅速地国际化,玻利维亚政府向美国政府请求援助后,那些被美国干涉主义排除在外的犹豫不决的玻利维亚反对势力能够站到革命的一方。但是,切错了,苏联人推行的"和平共处"原则把玻利维亚共产党排除在革命行动之外,就连曾经在古巴接受训练的36名玻利维亚人都未能参加切的游击队。

就这样,对玻利维亚政府来说,反暴动战斗变成了一场仅仅针对切的游击队的围攻。在美国协助和指挥下,玻利维亚政府调动一切手段来做一件事:抓住并杀死切。

从现在开始,切剩下的日子不多了,游击队的生存环境变得越来越糟糕:城市网络被堵死,对外联络中断了,食品和武器补给没有了。后来,切的哮喘病不断发作,但他已经不可能得到任何药物。

1967年6月,玻利维亚几大矿区的工人举行罢工,学生运动也参与其中,玻利维亚社会危机加剧。但是,玻利维亚政府很快组织镇压,一天之内就杀掉几十名示威者,运动很快被扑灭。

切试图把游击区域的农民发动起来。在印第安人聚集区,切把农民召集起来。他告诉人们:"你们会看到,在我们来过以后,统治当局会破天荒地第一次想到你们。他们会答应给你们修建医院或者别的什么。他们之所以会许下承诺,就是因为我们在这个地区活动。如果承诺变成了事实,你们就会体会到游击运动给你们带来了什么好处。虽然,这种好处不是游击队直接给你们的。"

但是,农民担心政府的报复,不敢支持游击队,也没有人敢加入游击队。而且,在政府的悬赏之下,不少农民把游击队的行踪偷偷报告政府军。

在政府军的围剿下,切的游击基地被摧毁,他的部下开始一个接着一个地阵亡。这时候,玻利维亚共产党的领导已经发现并在会议上惊呼:"切出不去了!整个队伍都会走向灭亡。必须派人去古巴,告诉他们,必须把切救出来!"

但是,局势变化得太快,没有人来得及反应。

9月26日,切带领游击队伍转移到拉伊格拉村。村里的人都跑了,政府军很快追了上来。切带领队员继续撤退,进入一条名叫"奈诺尔"的峡谷。他们被包围了,只能隐蔽下来,寻找机会突围。9月29日,在电台中,玻利维亚军方宣布,"切·格瓦拉已经被围困在一个雨林峡谷中。"

在最后的日子里,切被哮喘病折磨着,但他异常平静。面对包围圈外的上千名政府军,他无所畏惧,冷静地指挥着每一个队员,安排他们的战斗位置和隐蔽的地方,照顾伤病员,而且,每天收听电台广播传来的消息,每天书写战斗日记。

1967年10月7日,这是一个特殊的日子。切在自己的日记中写道:

"自从游击队组织起来后,到今天,游击战争刚满11个月。我们整天没有遇到麻烦,在田园气息中度过。

在12点半,一位老妇人赶着她的羊群走进了我们安营的峡谷。她没有说出一点点关于政府军的可靠消息,一问三不

1967年10月8日,在突围中,一枪打中格瓦拉的左腿,一枪打飞格瓦拉头上的贝雷帽,第三枪打中格瓦拉身上卡宾枪的枪膛。格瓦拉的武器报废了,随后,面对准备俘虏他的敌人,格瓦拉说:"来吧,我就是切·格瓦拉。"

名家名言

开枪吧!懦夫!你只是杀一个人!但你杀不死我的信仰!

名家名言

请听听人民的声音吧!

知,说自己很长时间没有去过附近了。她只讲了一些道路的情况,说了一下我们距离周围各个地方大概有多远。我们暂时把她关押起来。

17点半,三名游击队员去了老妇人的家,家里有两个女儿,一个身体虚弱,一个身材矮小;他们给了她50比索叫她守口如瓶,不过,我们根本就不指望她做到这一点。

我们17个人乘着淡淡的月光继续前进,步履艰难,我们可能在峡谷里留下了许多脚印。附近没有什么人家,却有一片从这条河引水灌溉的土豆地。凌晨两点,我们休息,因为已经无力继续前进。夜行军,患夜盲症的奇诺成了我们最大的负担。

电台播报了一则奇怪的消息:为了阻止被包围的游击队在阿塞罗河与奥罗河之间的地带逃窜,政府军派出了250人的精锐部队。

看来,这个消息是对我们有意的干扰。"

这是切一生中写下的最后的文字。

第二天,也就是1967年10月8日,在突围中,一枪打中切的左腿,一枪打飞切头上的贝雷帽,第三枪打中切身上卡宾枪的枪膛。切的武器报废了,随后,面对准备俘虏他的敌人,切说:"来吧,我就是切·格瓦拉。"

切被捕以后关押在附近的拉伊格拉村学校。

切·格瓦拉没有战死,被抓住了。对玻利维亚政府和美国人来说,切一下子成了烫手山芋。开枪打死已经成为俘虏的切?消息一旦传出去,这就是一个违背道德和国际原则的大问题。把切关押起来然后进行审判？问题更严重,不仅各种激进组织会想方设法营救他,古巴会不惜一切代价,而且,国际舆论一定会一片哗然。怎么办？美国政府和玻利维亚总统紧急磋商的结果是马上把切·格瓦拉就地除掉。美国大使明确指出:切的死对古巴革命,尤其是对菲德尔·卡斯特罗来说,将是一个沉重的打击。

1967年10月9日上午十点,驻扎在现场的政府军收到密电:"600帕皮。不再关押。""帕皮"指切,"600"的意思是杀死他。

政府军的现场指挥官问切:"您有什么话需要我带给您的家人？"

切对他说:"告诉菲德尔·卡斯特罗,他很快就会看到美洲革命的胜利;告诉我的妻子,要改嫁,要过得幸福。"

这位指挥官上前拥抱切·格瓦拉。多年以后,这位指挥官告诉采访者:"对我来说,这是一个十分伤感的时刻。他的最后时刻到了,他表现得像个男人。面对死亡时,他勇敢而又坦然。"

是的,切不仅仅像个男人,也不仅仅是个男人。最后时刻,准备枪杀切的士兵不敢开枪,切大声说:"开枪吧,胆小鬼,你只不过是要杀死一个男子汉。"

几声枪响,切·格瓦拉一生的奔波和苦难结束了。

切·格瓦拉死亡的地方又叫无花果村,切·格瓦拉死亡的时候39岁。

在切·格瓦拉的遗物中,人们发现切·格瓦拉抄写的一首西班牙诗人的诗:"基督,我爱你,并非因你自一颗明星降临,而是因为你向我揭示:人有热血,泪水,痛苦,钥匙,工具,去打开紧锁着的光明之门。是的,你指点我们说,人是上帝。"

① 格瓦拉决定离开古巴时,悲伤地写道:"从此,我同古巴不再有任何法律联系,只保留一种联系,一种不能像职务那样辞去的联系。"那不能"辞去的联系"是什么样的联系?

② 格瓦拉在刚果的战斗失败了,他们撤离了,为什么?

尾声:"我们要让他们像切"

1967年10月15日,菲德尔·卡斯特罗在电视上向全国人民沉痛地证实,切的死是无比悲痛的事实。他下令,全国哀悼三天,国旗降半旗30天。同时宣布:切最后战斗的日子,10月8日,将正式成为"英雄游击队日"。

10月18日晚,几十万群众手持蜡烛,聚集在哈瓦那革命广场上为切守灵。

就在烛光守夜祈祷会上,菲德尔·卡斯特罗因为悲痛而说话声音刺耳,他回忆道:

"切——他的朴质、他的性格、他的纯真、他的同志般的态度、他的个性、他的独创精神,使人们甚至在还不了解他的其他一些特有的和无与伦比的优点时,就感到他是那种能够立即受人喜爱的人。"

菲德尔深情地回顾与切一起战斗的岁月,向人们讲解切获得少校军衔成为第二纵队领导人的经过,高度肯定切的优

秀品质和领导才能,高度肯定切为古巴革命和建设作出的巨大贡献。紧接着,菲德尔慷慨激昂地继续演讲:

"切是为了保卫这个世界上的穷苦人和被剥夺权利者的事业而牺牲的。他为了保卫这个事业而展现出来的模范态度和大公无私精神,甚至是他的那些不共戴天的敌人也不能加以否认的。"

在讲到切给人们留下什么的时候,菲德尔更加动情:

"他留给我们的是他的革命思想、他的革命美德,他留给我们的是他的性格、他的意志、他的坚强、他的工作精神。一句话,他留给我们的是他的榜样!切的榜样是我们人民的典范,切的榜样是我们人民的理想典范!"

菲德尔相信:

"如果我们想说出我们希望我们的革命战士、我们的年轻人、我们的人民成为怎样的人,我们一定毫不迟疑地说:'我们要让他们像切!'如果我们想说出我们要我们的后代成为怎样的人,我们一定说:'我们要让他们像切!'如果我们想说出我们要我们的子女怎样受教育,我们一定毫不迟疑地说:'我们要他们在切的精神下受教育!'"

1997年7月,切的骸骨在玻利维亚被发现。10月,切的遗体被安葬在切建立丰功伟绩的城市——古巴圣克拉拉城。古巴为切专门建造了一座陵园,陵园里矗立着切

持枪挺立的雕像。

2008年6月14日,切·格瓦拉80周年诞辰日,阿根廷政府举办专门的纪念活动,并在切的出生地举行切的铜像揭幕仪式。

如今,在切出生地阿根廷、在切战斗过的古巴、在切牺牲的玻利维亚,人们都能看到有关切的一切。

切·格瓦拉到底是一个什么样的人?

1997年,就在切·格瓦拉牺牲的那个国家,曾经的玻利维亚总统海梅·帕斯·萨莫拉是这样评价的:

"无论是他的死亡,还是他在军事上的失败,都不意味着他在历史上消失或者是他人生的失败。今天,切·格瓦拉仍然作为典范活在这个世界千千万万男女老幼的心中。他的存在是为别人,是为人民鞠躬尽瘁死而后已的人固有价值的体现。用我们这个时代的眼光看,切·格瓦拉已经达到神话英雄级别,因为他曾经是人民大众尊严和权利的代言人。"

也是在切战斗过的玻利维亚山区,在切牺牲后,人们突然明白切是为了他们而死的。他们想方设法找到切的照片,把照片供奉在家里顶礼膜拜。据说,如果在照片前虔诚地许愿,切的灵魂都会帮他们实现。因而,在当地人心目中,切就是圣人。

2012年10月,中国成都,这个切·格瓦拉曾经访问过的地方,隆重举办"切·格瓦拉摄影展",几百幅切·格瓦拉亲自拍摄的照片展现在人们面前。当地最有名的媒体——《成都商报》进行了专门报道,记者在文章中引用了一段切·格瓦拉的原话。这段话记录在《摩托日记——拉丁美洲游记》这本书里：

"本书读者或许不了解我的视网膜的敏感度——我自己也感觉不到。所以，读者们哪怕是拿着底片对着文字看，也弄不清我的照片究竟是什么时候照的。言下之意，如果我给你说是在夜晚拍的，你既可以信，也可以不信。这一点对我来说无足轻重，因为，如果你不是碰巧知道我日记里所说的拍摄场景，那么，要找到一种东西来替代我要说明的真相，那是很困难的。现在，我得走了，留下你与曾经的我同在……"

切·格瓦拉渐行渐远，我们已经看不到他扛枪的背影。就像我们找不到切·格瓦拉照片的拍摄场景就分不清照片的拍摄时间一样，也许，如果我们看不清切·格瓦拉所处的特殊历史背景，我们也就难以理解他的行动；但是，无论如何，我们知道，切·格瓦拉这个人，为了梦想，永远在战斗！

① 卡斯特罗说：格瓦拉的"大公无私精神，甚至是他的那些不共戴天的敌人也不能加以否认的"，你是否认同卡斯特罗的评价？

② 在玻利维亚，人们把切·格瓦拉的照片供奉在家里顶礼膜拜，这说明了什么？

附录　切·格瓦拉年谱

1928年　6月,埃内斯托·格瓦拉出生于阿根廷罗萨里奥市沿河大道480号。父母亲都拥有西班牙贵族血统,父亲的祖先曾经是南美洲最富有的人,母亲的祖先曾经有一位在秘鲁任总督。出生40天时,埃内斯托得了一次肺炎。

1930年　5月,埃内斯托第一次哮喘病发作。

1931年　由于埃内斯托的哮喘病,一家人搬到科尔多瓦市附近的上格拉西亚并定居在那里。直到1943年,一家人才搬到科尔多瓦市。

1937年　埃内斯托进入圣马丁学校就读,直接读二年级。受哮喘病影响,埃内斯托此前的教育都是由母亲辅导,上学时,他已经会读会写。

1942年　埃内斯托上中学了,就读于科尔多瓦市区的迪安福内斯国立学校。他喜欢看书和橄榄球,不循常规,渴望冒险。

1946 年　在继续学业的同时,埃内斯托通过了科尔多瓦道路管理局的考试,在实验室检测工程材料质量。这是他获得的第一份有报酬的工作,他因此而计划在大学时学习工程专业。

1947 年　3 月,埃内斯托全家搬到阿根廷首都布宜诺斯艾利斯。同年 6 月,祖母去世。随后,埃内斯托决定学医,进入布宜诺斯艾利斯大学医学院学习。

1950 年　22 岁的埃内斯托骑上一辆装有微型引擎("米克龙"牌发动机)的自行车,前往阿根廷内陆地区,开始第一次真正意义上的独自旅行,途经 12 个省,全程 4000 多公里。

1951 年　在取得阿根廷公共卫生部颁发的有关证书后,埃内斯托从 2 月至 6 月担任国家石油矿藏公司海上航线上的随船医生,出海 4 次,到达巴西、委内瑞拉等国家的多个港口。

1952 年　1 月至 8 月,埃内斯托与好友阿尔贝托·格拉纳多骑着一辆摩托车进行跨国旅行,先后游览智利、秘鲁、哥伦比亚、委内瑞拉等国家。回国后,埃内斯托根据旅行日记写了一本名叫《拉丁美洲游记》的书。

1953 年　6 月,埃内斯托完成大学学业,获得博士学位证书。随后,他离开自己的祖国,到达玻利维亚。

	年底,到达危地马拉。
1954 年	经过危地马拉血与火的洗礼,在阿本斯政府被推翻后,埃内斯托逃亡到墨西哥。
1955 年	埃内斯托在墨西哥与菲德尔·卡斯特罗会面,加入古巴远征军,接受游击队军事训练。古巴人称埃内斯托为"切"。
1956 年	11 月,切作为军医登上"格拉玛"号游艇。
1957 年	7 月,凭借出色的军事才能,切成为古巴革命的第二个少校司令官。第一个少校司令官是菲德尔·卡斯特罗。
1958 年	切领导反政府军进行了一系列战斗,并取得具有决定意义的圣克拉拉战役的胜利。古巴革命成功。
1959 年	2 月,切被授予古巴国籍。11 月,切被任命为古巴银行行长。同年,切出访亚洲、非洲、欧洲共 14 个国家。
1960 年	7 月,切率团参加第一届拉丁美洲青年大会。32 岁的切成为国际革命的大祭司。
1961 年	切被任命为古巴工业部部长,全力开展古巴经济建设工作。
1962 年	古巴统一革命组织,成立社会主义革命统一党,切入选全国领导委员会。在切的领导下,古巴成为美洲国家游击战的行动中心。
1963 年	切在古巴培训各国游击队员,指导多个国家开

展游击战争。古巴指导支持下的多国游击战相继失败。

1964年　切决定离开古巴,回到革命战场。同年,切在联合国大会上慷慨激昂地发表演讲,对非洲国家进行了一次全面访问。

1965年　切亲自带领一支国际纵队前往刚果,支持刚果解放运动。遭到失败后离开非洲。

1966年　切抵达玻利维亚,准备在玻利维亚开展游击战争。

1967年　经过一年的努力,切在玻利维亚的革命失败了。10月8日,切被玻利维亚政府军抓获;10月9日,切被杀害。10月8日被古巴确定为"英雄游击队日"。10月18日,古巴几十万群众为切守灵。

作者手记

　　我儿子12岁,我弟弟的儿子9岁,两个小家伙和亲兄弟一样。2012年10月2日,我弟弟搬家,一大家子欢聚一堂。饭后,大人们在桌子上忙碌起来,玩得不亦乐乎;六个年龄相仿都在10岁左右的小孩子总算没有大人监督了,自然而然地分成派别,沉浸在自己的游戏天地里。

　　不用多说,当大人们回过神来,家里已经被弄得乱七八糟:家具被挪开,各种玩具满地都是,有人横卧在衣柜里,有人躲在窗台边,有人趴在床后面,还有人在吵架。孩子们正在兴头上,大人却想跑过去制止,于是,有人闷闷不乐,有人开始大声争辩。万般无奈之下,武力威慑派上了用场。始料不及的是,镇压没有达到预期效果,反而愈演愈烈。尤其是我那侄子,在他母亲面前毫不退让。

　　场面僵持不下,据说,就在这个时候,我儿子走到他幺妈面前做起了思想工作。原话是这样的:"幺妈,你要想开些,弟弟正处于叛逆期,你就不要生气了,慢慢就好啦。"

12岁的儿子说9岁的弟弟处于叛逆期!殊不知,他自己也即将进入人生的下一个叛逆期——青春期。我在哑然失笑的同时,忍不住想:叛逆应该是我们的天性吧,两三岁的小孩儿就有很强的违拗意识,七八岁的时候最喜欢异想天开,至于青春期,做自己喜欢做的事情更是人之常情。可是,为什么我们这些大人一谈到孩子的叛逆就倍感头疼?我们为什么如此担心孩子不会按照我们设定的路线成长?

此时此刻,整理完格瓦拉的生平事迹,我又突然想起这件事。这本书是儿子在无形中逼着我写的。儿子看过我写的很多"官样文章",他问我能不能写写人,讲讲故事。说实话,习惯于写报告弄评估的手已经很难敲打出鲜活的文字了。但是,我不能让儿子失望,答应的事儿,那是一定要做的。

还记得写完第一部分的时候,儿子看了又看,深沉地说:"还行。"过了好半天,补充了一句:"增加一点趣味性嘛。"平时在上班,我只能周末写。一开始,儿子周末从学校回来,他会问:"爸爸,写了多少啦?你写完一章我才看哈。"后来,我发现,我不在书房的时候,他会趴在我的电脑前偷看。我征求他的意见,他的最高评语就是"可以",然后慢条斯理地说"比之前写得好"。我总觉得儿子在安慰我,他关心的不是文字的好坏,而是格瓦拉走过的每一步。

现在,终于写完这本书了。我认真审视了一遍,我发现,这本书,与其说是一部人物传记,格瓦拉的成长史、奋斗史,不如说这是一个成年人在研究格瓦拉生平时给孩子整理的读书笔记。因为,自始至终我都不愿意对格瓦拉这个人物进行过多的渲染,我只想以平静的口吻客观真实地讲述;我更不愿意对人物进行过多的评论甚至夸大,我知道,孩子会有自己的评判。

儿子问我:"老爸,在你心中,格瓦拉这个人到底怎么样?"

我说:"等你看完了,我们再讨论这个问题。"

到底讨论什么呢?实实在在地说,我很想和儿子讨论一下"叛逆"这两个字。在多数人心目中,格瓦拉是这个世界上最叛逆的人:获得博士学位的他,没有像多数人一样寻找一份稳定而体面的工作,而是离开祖国踏上孤独的旅程;成为古巴国家领导人的他,没有贪图富贵和安逸,而是选择继续战斗。不过,格瓦拉背叛的不是家人和朋友,他背叛的是不平等的社会现象。像格瓦拉一样的人,我们可以怀疑他们的选择是否符合历史的发展,怀疑他们对时机的把握是否恰当,但是,我们绝不可以怀疑他们的动机和出发点,绝不可以怀疑他们为了他人的幸福牺牲自己所有利益的勇气和胆量。有人说,是二次世界大战的成长背景和"冷战"大环境成就了格瓦拉的传奇,但我要说,是格瓦拉自己成就了自己。因为,在格瓦拉的世界里,所有人都是平等的,他始终梦想着:每一个农民都有自己耕种的土地,每一个工人都有工作的权利,每一个穷苦人的生老病死都有国家提供的保障。他不是阿根廷人,也不是古巴人,他是美洲人、地球人。也许,他心中装不下自己的亲人,但是,他心中却装下了整个美洲、整个世界,其中,有印第安人、黑人、黄种人,有他看到的所有穷苦人。

时代在不断前进,格瓦拉的奋斗历史已经成为过去,但是,他的精神、他的梦想不会成为过去。

为了梦想,格瓦拉用一生来坚持,用生命来阐释,失败并不能抹杀他的努力,失败反而增添了梦想的颜色。正因为这样,世界上才一直有无数人在怀念格瓦拉,在困难的时候想起格瓦拉,在面对不公的时候穿上印着格瓦拉头像的T恤。

叛逆并不能说明什么,重要的是我们对梦想的坚持。不管我们的梦想是伟大而炫丽的,还是平凡而简单的,没有坚持,没有一以贯之的行动,梦想就会黯然失色,平静的水面上就不会有半点涟漪,飘落的种子就始终找不到生根发芽的土地。如果没有坚持,当我们老了,回头看时,我们甚至都不敢说自己曾经有一个梦想。

最后,我想说,谨以此书献给我儿子和他的同龄人。看到格瓦拉追寻梦想的一生,如果你们能够向我、向你们的长辈、向同学和朋友说说自己的梦想,我就心满意足了。格瓦拉一生都在和哮喘病作斗争,因而,我还希望,看到这里读到这些文字的人都能够会心一笑,健康到老,百病不侵。

读一本书,只是我们学习和认识的第一步,将几本书对照着阅读,我们的分析判断能力才能真正得到提高。如果你想对切·格瓦拉的梦想、对他生活的那个政治上错综复杂的时代有更加全面深入的认识,下面的这些书一定能够对你有所帮助。这些书也是作者写作本书的主要参考书。感谢这些书的作者和译者,他们都在不遗余力地传播格瓦拉的传奇。

1.《摩托日记——拉丁美洲游记》

作者:切·格瓦拉

出版:上海译文出版社

2.《切·格瓦拉语录》

编者:师永刚　刘琼雄　詹涓

出版:生活·读书·新知三联书店

3.《纯粹的红——切·格瓦拉传》

作者:陶竦

出版:文汇出版社

4.《切·格瓦拉传》

作者:(墨西哥)豪尔赫·G.卡斯塔涅达

出版:人民文学出版社

5.《切·格瓦拉传》

作者:(美国)乔恩·李·安德森

出版:湖北长江出版集团　长江文艺出版社

6.《切·格瓦拉——一个偶像的人生、毁灭与复活》

作者:(玻利维亚)雷维纳尔多·乌斯塔里斯·阿尔塞

出版:中国青年出版社

7.《我有一个兄弟——卡斯特罗与切·格瓦拉的非凡友谊》

作者:(英国)西蒙·雷德-亨利

出版:陕西出版集团　陕西人民出版社

张学谦　2012年11月　成都